U0945232

上班赚小钱，四本存折赚大钱

月入 3 000 工薪族变身 600 万富翁的秘密

〔韩〕高敬镐　著
崔英梅　译
毛丹平博士　审订

重庆出版集团　重庆出版社

图书在版编目 (CIP) 数据

上班赚小钱，四本存折赚大钱 /〔韩〕高敬镐 著；崔英梅译 . —重庆：重庆出版社，2011.10

ISBN 978-7-229-03375-0

Ⅰ . ①上… Ⅱ . ①高… ②崔… Ⅲ . ①家庭管理：财务管理 Ⅳ . ① TS976.15

中国版本图书馆 CIP 数据核字 (2011) 第 021773 号

上班赚小钱，四本存折赚大钱
SHANGBANZHUANXIAOQIAN SIBENCUNZHEZHUANDAQIAN

〔韩〕 高敬镐 著
崔英梅 译
毛丹平博士 审订

出 版 人：罗小卫
策　　划：中资海派・重庆出版集团科韵文化传播有限公司
执行策划：桂 林 黄 河
责任编辑：朱小玉
特约编辑：涂玉香
版式设计：罗志宗
封面设计：红杉林文化

重庆出版集团 重庆出版社 出版
（重庆长江二路 205 号）

深圳市鹰达印刷包装有限公司
重庆出版集团图书发行有限公司发行
邮购电话：023-68809452
E-MAIL: fxchu@cqph.com
全国新华书店经销

开本：787mm × 1092mm 1/16 印张：12 字数：150 千
2011 年 10 月第 1 版 2011 年 10 月第 1 次印刷
定价：28.00 元

如有印装质量问题，请致电：023-68706683

중국 독자 여러분, 반갑습니다.

책을 통해 여러분과 소중한 인연을 맺게 되어 매우 기쁩니다.

이 책은 저 자신이 경험하고, 실천해 온 돈관리와
투자 방법에 관해 소개한 책입니다.

비록 대단한 성공담을 담지는 못했지만 돈을 효과적으로
관리하면서 재산을 늘려 나가는데 필요한 기본적인 지식과
구체적인 실천 방법을 소개 했기 때문에 부자가 되는
첫 걸음을 내딛는데 좋은 친구가 되어 줄 것입니다.

저의 책이 여러분이 땀 흘려 번 돈을 잘 관리하고
투자하는 일에 큰 도움이 되기를 기대합니다.

저자로서 그 이상 더 바랄 것이 없습니다.

중국 독자 여러분 모두의 큰 행복과 성공을 기원합니다.

고 경호 올림.

亲爱的中国读者：

你们好！

能通过书籍与各位结缘，我感到非常高兴。

这是一本介绍我自己经历以及实践过的金钱管理和投资方法的书。

我介绍的方法比较具体，也比较可行。虽说不是一蹴而就的成功法，但却是只要有效地管理钱财就能增加财产的必要而基本的知识。所以，我相信它一定会成为您迈向财富与成功的好朋友。当各位准备将辛苦挣来的钱进行投资时，我希望我的书能给予大家实际的帮助。作为作者，这就是我全部的心愿。

希望中国的读者们都能更幸福，也更成功。

高敬镐

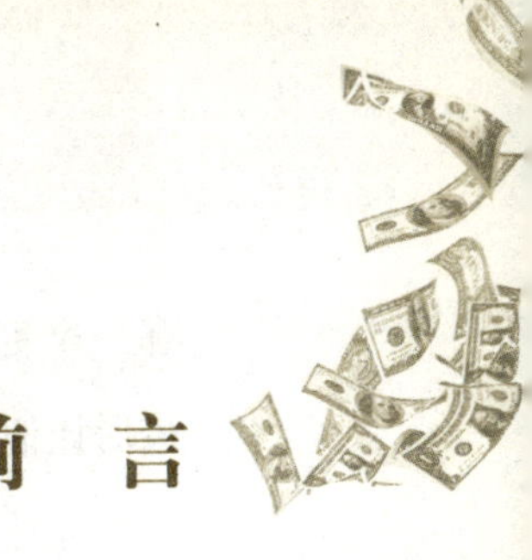

前言

自动化理财系统，让你不再“月月光”

到目前为止，有许多人来找我咨询理财、投资或邀请我讲课。他们的职业、年龄、财产、收入千差万别，所期望的财富值也大相径庭。这些人中，有一小部分人是由于钱太多而烦恼的人，而大部分人则是梦想成为富翁的普通人。

虽然经济水平不同，但他们却有着惊人的相似之处，那就是投入大量时间和精力为事业打拼，却很少花时间理财，甚至从不理财。意识到这个问题后，再有人来向我咨询时，我会先引导他们思考如何理财。

比如，当有人请我推荐股票型基金时，我会先让他深入思考自己的投资目的、投资期限、投资风险等。之后，如果他依然认为投资股票型基金是最佳选择，那我会请他再进一步想一想，他是用全部的可用资金投资，还是只用其中的一部分来投资。接着，我再向他说明选择基金时的注意事项以及利用已有信息比较各种基金的方法。最后，让他自己决定到底买哪一种基金。

如果有人向我咨询要不要参加某种保险，我就让他想想，因生病或发生事故需要治疗时可能获得的补偿和突然死亡后家人的生计问题，哪一个更重要。等他想清楚后，再帮助他具体分析目前的收支情况，最后让他根据自己的收支情况决定交多少保险费比较合理。

先让他们自己思考，是因为我认为有关钱的去向，无论是用于投资还是用于消费都不能随大流，而应该自己作决定。尤其是当投资有损失本金的风险时，金融专家的建议也只能作为参考。如果对投资对象没有充分的认识，就不能对其进行投资。换句话说，金融专家不会为你承担选择后的结果，而听信朋友或同事等非专家的建议投资更是一种非常危险的选择。不过，那些虽不是专家，但通过自己的努力积攒了很多财富的人的建议又另当别论。但无论何种情况，最终还是要自己判断、自己决定。如果没有对理财知识坚持不懈地学习和关注，是很难做到这一点的。

我总是在强调“理财系统”。这个系统的好处与其他系统相类似。在这里以汽车制造系统为例，让我们一起来了解一下汽车制造厂生产汽车的整个过程。从研究、开发到形成生产线需要投入大量的时间和精力，但是只要规定好制造汽车的顺序、准备好生产装备，生产线就会根据指定的规则和作业分工自动生产。负责安装汽车玻璃的工人不用去想应该把什么样的玻璃安装在哪里，因为只要在指定的位置安装指定的玻璃就可以了；组装车门的工人也不用去想应该把什么样的车门组装在哪里，同样地，在指定的位置安装指定的门就可以了。在这样的作业过程中，工人们甚至连位置都不需要移动。生产中每完成一个工序，下面的工序会自动连接上来。汽车生产厂家就是通过这种自动化的生产系统反复生产汽车的。

根据我自身的经验，如果我们可以通过类似于这种自动化的系统理财，就可以事半功倍。事实上，我正在运用由“四本存折”构成的理财系统来进行理财。

向我咨询过的人（短则一周，长则数月）都会重新调整自己的理财策略。现在他们大部分都是按照我提出的方法或类似的方法理财，并对这种理财方式所带来的变化感到很满意。这种结果让我备受鼓舞，也让我产生了和更多的人一起分享我的“理财系统”的想法。

除此之外，我写这本书的原因还在于，我由衷地希望读者能先管理好自己来之不易的钱后再去投资。我希望这本书能够成为像《数学的定石》那样长销45年的书，成为像“产品说明书”那样的理财指南。

所以，这本书不会向你介绍能够获得高收益的理财秘诀或华丽的成功投资案例。相反，这本书的内容都是关于理财的“原则”和投资的“原理”，提出的方案谁都可以实践。

我想通过这本书，为那些渴望理财却又不知从何入手的人们提供一个熟悉理财和投资基本技能的机会，让读者们满怀“我也可以”的信心；也为那些平时虽然读了很多理财方面的书，也实践过无数次，但由于没有自己的原则和战略的人，提供一个回到起点、重新开始的契机。我由衷地希望，有更多的人从我的书中获得理财和投资方面的知识，并最终拥有一个适合自己的理财系统。

目 录
contents

毛丹平博士

中国知名个人理财专家
深圳市君融财富管理研究院院长
广东省理财规划师职业鉴定专家组组长
"Fortune & You，财富智慧你的魅力与幸福"课程创办者

毛丹平博士，深圳君融财富管理研究院院长，主持研发了理财规划师鉴定考试体系，发布了中国首个 HNWI–China 富裕人士财富管理指数，开发了 IPFP 理财规划建议书制作系统及高校教学系统。

毛丹平博士专注于研究"金融消费语言"，以减少金融信息传递的误差。在她的带领下，研究院推出了理财规划师职业认证 ChFP 课程、公司理财师 CoFP 课程、财富管理师 CHWM 认证课程、私人银行家 CPBA 认证课程，同时为多家中外证券、银行、保险金融机构和第三方理财顾问机构提供《业绩倍增金融营销管理》、《管理你的销售力量》等顾问式培训课程。

毛丹平博士还致力于传播财富管理智慧。她以女性细腻的眼光、深切的人文关怀传播复杂枯燥的金融理财知识。她是《21 世纪经济报道》、《胡润百富》、《私人理财》等杂志专栏作者，是长沙电视台《名媛学堂》、武汉《市民大讲堂》、深圳《市民文化大讲堂》、广东省委宣传部《财富论坛》、北京《财富大讲堂》、深圳电视台《达人财智》等多个城市论坛演讲嘉宾。同时，她还创办了"Fortune & You，财富智慧你的魅力与幸福"大众理财课程。该课程通过深刻阐释财富与幸福生活的关系，从而帮助人们提升生活品质、改变人际关系，并最终获得幸福的生活。

本书所有专家导语、延伸阅读及边栏文字均出自毛丹平博士之手。

毛丹平推荐序

《21世纪经济报道》理财方程式专栏作者
个人理财专家、国际FPA协会会员

财富智慧，幸福人生

就如人类从来没有停止寻求智慧一样，人类也从未停止创造财富。财富的魅力就是改变，它可以改变生活的品质和品位，改变人际关系，实现梦想和个人意志。也许，大多数人从来没有思考过财富与智慧的关系。我想告诉大家，财富有它的运行规律，我们将它称为财富管理或者理财规划，这个规律能帮助你分析财务资源和人生目标的关系，帮助你明察眼前、预见未来，让财富发展的规律成为你幸福生活的助推器。

我嫁给谁呢？

“耶稣和释迦牟尼，我嫁给谁呢？”泓是一个40岁的知识女性，隔着餐桌热气腾腾的烟雾，她优雅地伸出左手和右手，提出了一个信仰归属的问题。人生是如此的跌宕起伏，以至于再有知识的人也会陷入迷茫。耶稣和释迦牟尼是人类信仰的智者，他们不但能看透万事万物，更能洞悉来世今生。

人类，从来没有停止过寻求智慧。什么是智慧？词典上说，智慧是对事物能迅速、灵活、正确地理解和解决的能力。忒壬斯说，真正的智慧不仅在于能明察眼前，而且还能预见未来。

开启财富之门的价值观和方法论

《上班赚小钱，四本存折赚大钱》就是一本传播财富智慧的价值观和方法论的书。作者高敬镐，是韩国的一位资深理财规划师，他用朴实的平民逻辑，讲述如何成为富翁的规律。他通过调查研究发现，虽然有 14% 的富人是通过继承财产获得财富，但大多数的富人都是通过尽心尽力工作，认认真真储蓄，然后逐渐在事业上取得成就，并开始抓住投资机会。他用一个财富方程式表达了财富定律：

财富 = 对钱的迫切程度 × 复利 × 时间[2]

财富方程式代表的是作者财富复利的价值观，这个价值观犹如巴菲特的名句“人生就像滚雪球，最重要的是发现很湿的雪和长长的坡。”

每个人都知道，增加收入和减少支出是增加存款的基本方法。但是，大多数人并不认真管理收入和支出，这其中除了由于人类的惰性外（也许是渴望一夜暴富），也是因为没有掌握收入支出管理的技巧。作者指出，这是一个方法的问题。

所以，他支了一个纯技巧的“招”，就是四本存折管理系统：

1. 工资存折：用于领取工资以及固定支出管理
2. 消费存折：用于变动支出管理
3. 备用存折：用于备用资金管理
4. 投资存折：用于投资管理

如果将高敬镐的技巧和巴菲特的警句放在一起，你可以这样理解理财：聪明正确的收支管理就是“很湿的雪”，它有着高度积累的特质；而长期投资、复利生息就是长长的坡，它能加速财富累积的速度。

在我看来，高敬镐有爱心、有耐心，在这本书里，他用看似琐碎的管理方法，无数的人物故事，讲述打工仔也可以成为百万富翁并实现梦想的理财奥秘。在我看来，这不仅是一种方法，更是一种智慧。如果你拥有了这样的管理习惯，你的财富就拥有了雪坡，将会轻松地越滚越大。

陈欣推荐序

金牌理财经理
兴业银行 CFP 国际金融理财师

当梦想来敲门

我有一个梦想，马丁·路德·金如是说。

梦是盛放在灵魂深处的花园，每个人都有属于自己的梦想，这梦可能是成为腰缠万贯的富翁，可能是拥有装修典雅的别墅，也可能是购置外观时尚的跑车，还有可能是送孩子出国深造，为亲人留住健康，甚至也可能仅仅是餐餐温饱，衣食富足。

而实现梦想的道路却从来都是荆棘丛生。可能衣衫褴褛走到人生终点时你却发现梦想依然遥不可及；也可能费了半生心血，终于穿花拂叶你闻到了梦想之花的馨香。

《上班赚小钱，四本存折赚大钱》，与其说是一本教你如何理财的书籍，不如说是一盏为你照亮梦想之路的心灯。因为任何梦想都不可避免地要和个人财富产生或多或少的联系，所以，唯有通过理财实现财富目标，才能成就梦想。

正所谓“授人以鱼，不如授人以渔。”作为资金管理教育方面的专家，高敬镐通过研究后提出管理金钱的收入、支出以及扩充资产的“四本存折理财系统”，让读者通过财富方程式 = 对钱的迫切程度 × 复利 × 时间 ^{2} 了解财富积累的过程。

通观全书，你可以学到积累理财的基本脉络和思考方法。作者强调的重点在于合理支出与备用资金的留存、有效的投资。你可以通过计算必要消费与变动消费确定每月可储蓄资金，再划拨一部分资金作为流动备用金以备不时之需，最后通过不同投资品种的搭配达到财富增值的目的。

俗话说得好：“你不理财，财不理你。”这本书通过大量图表和案例生动展示了梦想与现实的距离并不遥远，如果能够脚踏实地学会使用理财工具规划自己的人生，梦想与财富终有一天会轻敲你的门扉。

读者倾情推荐

这本书是我理财之路的灯塔 李香淑（公司职员）

我对待理财的态度一直非常消极，所以我刚翻这本书时觉得有点难懂。后来，我安慰自己一开始不要急着完全理解书中的内容。于是，我以平常心读完第一遍后，又接着看了一遍。当我读完这本书的时候，确实有很多地方让我不由自主地想再读一遍。

立即走向致富之路的具体方法 安智善（销售员）

这本书不仅告诉我们，一个人不可能凭空成为富翁，而且还为我们设计了一个可以立即走向致富之路的具体方法，让我觉得自己也可以成为富翁。书中的很多内容都是我一直很想了解的，在读了两三遍以后，让我对轻松积攒一大笔钱这件事充满自信。希望这本书能够指引像我这样的“理财盲”走向光明。

根据个人情况理财 金太宪（国际金融理财师）

与那些千篇一律地说“赚了很多钱”“这样做肯定能赚很多钱”的书不同，这本《上班赚小钱，四本存折赚大钱》让你明确自己的消费方式后，再根据自己的投资喜好和投资动机进行投资。

像一股流入你内心的清泉　曹成玄（工程师）

作者列举了许多他担任理财顾问时遇到的案例，并以他的理财方式为中心展开论述。所以，如果你不知如何开始家庭理财，那么这本书就像一股流入你内心的清泉；如果你是一位理财师，在建立和维护客户关系等方面有困难，那么这也是一本必读书。

身边的专业理财顾问　申贞淑（教师）

看这本《上班赚小钱，四本存折赚大钱》时，我感觉就像一个专业的理财顾问坐在我的面前，为我这个对理财一窍不通的“理财盲”一一讲解理财知识。这本书通过简单易懂的方式引导人们健康地理财。第3章提出的“理财系统”让我感觉豁然开朗，好像一下子找到了突破口，可以解决长期以来困扰我的经济问题。作者还以自己的理财经历为例，显得格外有说服力。

通俗易懂的理财书　车贤宇（导游）

以前我一直认为理财是专业性很强、很难懂的事情，所以一直回避这个问题。但是自从读完这本书以后，我对理财充满了信心。这本书让我深刻地认识到理财是一项为现在以及未来生活所制订的、尽可能完善的计划。我为自己没能早点读到这样的好书而感到非常遗憾。

实操性很强的一本书　金相镇（研究员）

这本书不止停留在理财动机的层面，还提出了具体可操作的实施方案。之前在家庭账本管理方面我从来没有成功过，所以对理财的第一阶段“支出管理”一直感到很头疼。但是读完这本书后，我觉得如果按照书中提出的方法去做的话，成功的概率会比较大。

专家导读

小凯出生在农村，家境贫穷。大学一毕业他就进了深圳一家外贸公司工作。实习期收入不高，吃喝玩乐的开销却不少，但他还是在工作的第二个月就到银行存了一张1 000元的3个月定期存单。这立即引来了身边同龄人的惊呼："你现在就存定期啦！"很显然，他的举动确实和身边的"月光族"们的生活习惯有些格格不入。但他仍然坚持储蓄，在小有积蓄后又开始投资一些理财产品。三年后，他完全凭个人的能力付了房贷的首付。

不知哪位大师说过："理财要从储蓄开始。"储蓄是理财的第一步，没钱当然没财打理。而小凯的理财轨迹无意中暗合了这样的规律。

第1章 财富加速方程式

西方“放在桌上的现金”与中国“压在床板下的钱”都是最常使用的隐喻，喻指人们错过获利的机会。之所以说它错过了获利机会，是因为货币具有时间价值。

钱要多少才算富?

世间的事虽然变化无常，但也有亘古不变的东西，比如人们对金钱表现出的关切和欲望。有钱的人希望更有钱，没钱的人迫于生计更需要钱。由于没钱，许多人顾不上年事已高而不得不继续工作。钱虽然不是人生的全部，但几乎每个人成年后，都会用半生甚至更多的时间去工作或创业，其主要目的就是为了赚钱。如果说，口渴的人对水表现出的渴望仅仅只是强烈，那么，那些由于没钱而饱尝艰辛的人，对钱的渴望则更为深刻而痛苦。

现在这个社会，人们对钱的渴望比任何时候都要强烈。每天，出版社、杂志社等出版企业编辑出大量的理财书；报纸、电台、电视等大众媒体也争先恐后地制作理财方面的新闻报道和节目；银行、证券公司、保险公司等金融企业更是不遗余力地推销它们的理财产品。

在这种形势下，人们很容易产生“如果不做点什么就会落后于这个时代”的不安感。于是，一心想要早日成为富翁的人，也开始焦躁起来。如果你也是其中的一个，那么，你必须先让自己冷静下来，因为这种情绪很容易让你产生投机的念头，以至于把宝贵的钱投资到自己并不了解的对象上。如此反复几次后，你成为富翁的梦想会离你越来越远。

你认为拥有多少钱，才算是富翁呢？按照你的标准，你认为有一天你会成为富翁吗？虽然这个问题很简单，但如果你平时没有认真想过，我想你也很难立即给出答案。最近到处流行“创造 600 万（书中所有金额均已换算为人民币。——译者注）”的口号，这句话让多数人都认为 600 万就是富翁的标准。那么，想要拥有 600 万需要花多长时间呢？按“600 万就是富翁”的标准，有一天你能否成为富翁呢？我们一起来分析一下吧。

如果你的年薪是 18 万，就算一分钱不花全部存起来，也需要 33 年；如果你的年薪是 30 万，同样一分钱不花全部存起来，也需要 20 年。如果考虑涨工资或适当的投资收益率的话，时间还能再缩短一些，但对绝大多数的人来说，一分钱不花全部存起来的做法是根本不可能的事情。所以，不用一一计算涨工资或投资收益率，也可以知道拥有 600 万并不是一件简单的事情。

如果是上班族，在还没有领到工资之前就会以所得税、社会保险、医疗保险费等方式扣掉收入的 10% 左右；如果你已经组建了家庭，那么你每月可能连存下实发工资的 20% 都很难。现在退休年龄又比以前提前，所以退休后也还可以再继续工作，但即使做个体经营，收入也未必会比上班时的年薪多。当然也不排除会比上班时的收入多一点，但也可能会把退休前好不容易积攒下来的钱全部赔进去。而且，20~30 年后，600 万可能依然还是一笔大钱，但如果考虑物价上涨，其价值可能会减少为原来的一半或更少。所以，要积攒超过 600 万的钱，你才可以成为现在标准中的富翁。

如果你已经四十七八岁，而且很庆幸地在首尔拥有一套自己的房子——使用面积 85m^2 的公寓。按最近的平均行情，你算拥有了约 300 万的不动产，30~60 万的金融资产。如果你已经偿还了所有的住房贷款，就可算是拥有至少300~360万，这样看起来就已经离600万这个目标不远了。

但是，你的第一个孩子很快就要上大学了，接着，第二个孩子也要上大学，大学的学费一年至少也需要42 000元左右。除此之外，还有很多用钱的地方。直到你的两个子女大学毕业，至少还需要支出60多万。那时，你可能已经50岁了。但过不了多久，你还得为子女们筹措婚礼。就算可以让子女们自己解决结婚费用，但做父母的怎么可能不理不顾呢？至少也要给孩子们准备一间传贯房（传贯房是韩国独有的租房模式，求租方将一定数额的押金交给房主并签订租房合同，求租方不用再交房租，这种押金专名“传贯金”。合同期满时，房主必须原数退还“传贯金”。房客付出的只是租金的利息而已。——译者注)吧。因此，在退休之前，你的储蓄不会变得越来越多，反而可能越来越少，甚至连现在拥有的财产都很难保住。等孩子们一个个结完婚，你才可以松一口气，开始规划自己余下的人生。这时你会想，这段时间房价涨了点，是不是应该用手中的退休金做点小生意呢？

你想成为富翁吗？那你必须要克服上述种种问题，否则是很难成为富翁的。

我们再来看看下面的统计资料，你就会更清楚地认识到，成为富翁是一件多么不容易的事。

据美国的投资银行美林公司和凯捷资讯公司共同发表的“2007年亚太地区财富报告”，从2006年底至报告发布时，韩国拥有100万美元金融资产以上的人，也就是除了房地产以外，持有存款、股票等约600万以上的人大约有99 000个。同年，韩国的经济活动人口（指全部从事经济活动的就业人口，包括要求从事经济活动而尚未获得工作的失业人口。经济活动人口实际上就是劳动力人口。韩国将15岁至

65 岁的人口列为经济活动人口。——译者注）约有 2 400 万人。由此可见，拥有 600 万以上资产的人还不到经济人口的 0.4%。可想而知，拥有 600 万比想象中的要难得多。

在韩国，靠房地产致富的人要比靠金融资产致富的人多，所以也许有人会认为这两种情形会有所不同。

2007 年，综合房地产税（相当于我国的房地产税。——译者注）的纳税人约有 486 000 人。当时的标准是每户拥有公示价格 360 万以上的住房或公示价格 180 万以上的地（还没有开发的建筑用地。——译者注）的人。所以，有人预测在这些人当中，拥有 600 万以上金融资产的人应该很多，但实际计算得出，包含房产在内拥有 600 万以上财产的人也不到 60 万人，也就是说仅仅是韩国人口的 1%。这样看起来，对大部分人来说，拥有 600 万只是梦想。但即使是这样，大多数正直、诚实的韩国人还是相信总有一天，自己的手中也可以握有 600 万。中国、印度、日本等所有亚洲国家加起来拥有 600 万以上金融资产的富翁也不过 260 万人，但在韩国，有数十万、数百万人梦想成为 600 万资产的拥有者。

我的统计学知识很有限，还没有达到可以毫无误差地重新组合统计数据说服他人的水平，我也没有要捣毁大多数人想成为富翁的梦想的意图。我仅仅是希望每个人能够拥有一个现实的、可计算的财富目标。

富翁是怎样炼成的?

也许你会问：富翁到底是怎样炼成的呢？在前面提到的 99 000 人当中，通过继承财产拥有 600 万以上资产的人仅仅占 14%。48% 的人是因为事业有成，17% 的人是因为高收入，余下的 21% 的人是用其他方法成为了富翁。即使未继承一大笔财产也能成为富翁的事实，给人们带来了无限希望。大多数白手起家的人认为自己之所以能够成为富翁，是由于脚踏实地，尽心尽力工作，认认真真储蓄。渐渐地事业有成，也开始有了投资的机会。在这个过程中，他们为钱投入了多少心血和精力是不言而喻的。

如果你也想成为富翁，就应该像他们一样脚踏实地，认真储蓄。但这并不等于说要经常饿着肚子不吃饭，或取消一家人每个月仅有的一两次下馆子活动，自己虐待自己。世上没有任何一条法律规定每个人都必须要积攒600万以上，所以，你完全可以在保证一定生活质量的前提下充分储蓄。我所说的“充分储蓄”是指根据每个人自身的条件，最大限度地储蓄。人与人是不同的，有的人能够存下收入的50%，而有的人只能存下收入的5%。

所有金融产品的选择都是财务规划的附带结果，所有的金融产品都是“投资之道”。作为一个理性的投资者，要在选择“投资之道”的时候找到投资的道理，即“投资之理”。

我相信，大部分人不能充分储蓄的原因，并不是浪费，而是不清楚自己每月的收入中，在哪些方面支出了多少，最终剩下了多少。

你知道这个月的工资中扣了多少税吗？扣除了多少社会保险费和医疗保险费？你清楚这个月消费了多少吗？如果超出了上个月的消费，是在哪方面超出的？如果少于上个月的消费，是少在哪儿？还有，晚上当你站在银行ATM机前取款时，可曾因要白白扣除6元取款手续费而犹豫过呢？那时，你有没有想过要等到第二天银行营业时再到柜台取款呢？

如果你能如此细心地关心钱的支出，就凭这一点，也会有助于你增加存款。刚开始可能会有一点困难，但只要稍微再努力一点，就能养成每月定额消费的习惯。只要一直保持这种习惯，你肯定能比现在积攒更多的钱。

人们常常认为，只有赚很多钱的人才有可能成为富翁。实际上，如果没有养成存钱的习惯，就算赚再多的钱，也不会有更多的积蓄。

我认识一些月薪过万的人。不过，他们中大部分人的生活都谈不上比别人好。其实，理由很简单。钱赚得越多，花得就越多，渐渐地，就会对消费失去控制，对金钱的数额失去概念。于是，当他们意识到自己每月支出数额庞大后，通常会感到非常惊讶。如果有一天，收入突然减少或者生活突陷困境，那么，他们不得不承受更大的经济压力。

钱和人一样，你给它的爱惜越多，它给你的报答也越多。即使只是一点小小的回报，一点一滴聚集起来，也可以成为一笔可观收入。如果以这一笔钱为本钱进行投资或储蓄，那么它增长的速度就会更快。

如果你真想成为富翁，就要从存钱开始，暂时把那种通过工作或投资从而获得更大收益的想法放置一边。当然，还是要不断地自我提升，因为你可能拥有大企业家或大投资家的才能。虽然获得巨大成功的人只是少数，但有一天你也可能成为其中的一员。

财富加速方程式

自然界中关于“力的定律”，由于是牛顿发现后用数学方法表示出来的，所以叫“牛顿第二定律”。这个定律可以用简单的数学公式表示：

F（力）=m（质量）×a（加速度）

我一直在问自己：这世间如果真的存在一则财富增长的定律的

话，该怎么用公式表示？经过不懈探索，我最终得出了如下结论：

$$财富=对钱的迫切程度 \times 复利 \times 时间^{2}$$

我把这个公式称为“财富方程式”，也就是我一直探索的财富定律。

其实，世上并不存在成为富翁的绝对定律。而且，我也不能提供推导出这个公式的具体数据。不过，这个公式里面确实包含着能够让财富增值的原理。在下文中，我将为你详细解读这个方程式。

真的想成为盖茨式的世界首富吗？

李顺德奶奶出生在黄海岛，10岁的时候，失去了父母。为了赚钱，她把两个妹妹留在家里，一个人远离家乡。后来爆发了“6·25”战争（朝鲜战争），她不得不在韩国定居。李奶奶每天思念着留在北边的两个妹妹，希望有一天南北统一后可以给她们买个小房子。为了完成这个心愿，她什么脏活累活都干，拼命赚钱。但最后，由于没有找到她的妹妹，她把积攒了一辈子的财产——360万元全部捐给了韩国建国大学。她说，既然不能把这些钱留给妹妹们，那就帮助家庭困难的学生吧。她要求学校相关人员：如果有一天南北统一，请一定要找到她的妹妹们，并给予相应的帮助。

也许有人会认为，对于一辈子拼命赚钱的人来说，360万元还算不上一大笔钱。但是对一个靠做针线活和卖香烟谋生的老奶奶来说，360万元却是一大笔饱含血泪的钱。

那么，到底是什么让老奶奶积攒下这么多钱呢？是对钱的渴望。如果没有对妹妹们的强烈思念，如果不是迫切地期盼南北统一后和妹妹们一起幸福地生活，她能够积攒下 360 万元吗？

这就是我所说的“对钱的迫切程度”。这是一个迫切的梦想，是任何东西都无法换取的。为了实现这个梦想，李奶奶有了强大的动力，那就是一定要成为富翁。在我见过的人当中，有的人连正式的工作都没有，整天靠父母的财产生活；有的人每天只想着有没有办法继承财产。和这些人不同的是，也有一些人迫切地想要成为富翁。在这里我介绍一个令我印象深刻的案例。

朴科长，37 岁，在一家外资制药公司工作。由于家境不好，他从小就吃了很多苦。特别是读大学时，经济很困难。令人欣慰的是，他读书非常用功，得过几次奖学金。他还通过做家教或在补习班做辅导老师解决学费和生活费。临近毕业的时候，他很想去美国留学或者在国内继续攻读研究生，但因为考虑要赡养住在乡下的贫穷的父母，最后选择了工作。他只有一个明确的“一定要成为富翁”的理由：

如果自己的子女很想读书的话，无论是 10 年还是 20 年，他都会负担他们的教育费用。

每当听到辛苦一辈子的父母对他说“抱歉”的时候，他就告诉自己，绝不能再因为贫穷而对自己的子女怀有这种情感。

为了这个目标，他决定从储蓄开始。上班的第一年，他买了 4 套西服，至今已经翻新了几次，其中有两套已经穿了 10 年。他甚至还有几件穿了 10 年的内衣。结婚之前，给乡下的父母寄钱后，他把一半以上的工资都存进了银行。结婚之后，夫妻俩商定，妻子的工资负责所有的支出，他的工资全部存起来。虽然好不容易买了一套公寓，但他们以传贳房的方式租给别人，他们自己搬到了妻子的娘家。一方面是因为不想白白支付贷款利息，另一方面也是希望老人们能帮着教育孩子。等他们存够了传贳金还给租房人，回到自己房子的时候，已经是4年后了。正是朴科长想成为富翁的迫切愿望，让他采取了这样的行动。

你是真的想成为富翁呢，还是只是想“要是能成为富翁就好了”？要想了解你自己是不是拥有这种迫切感，其实很容易。

如果你想成为富翁，但现在还没有充分储蓄的话，那是因为你对钱的需要并不是那么迫切。就像我前面提到的，充分储蓄并没有制订诸如“一定要将工资的30%以上存起来”的绝对标准，而是要你根据自身的条件，最大限度地储蓄。如果你决定要增加储蓄，但几个月后却放弃了；如果你决定要比上个月减少支出，却从未做到，则说明你对钱的需要还不够迫切。当然，在实际生活中，也会遇到不能充分储蓄或者不得不减少储蓄的时候，但是如果没有对钱的迫切感的话，等情况一好转，你还会和从前一样。

“对钱的迫切程度”反映的是你存钱的决心和具备的动力。当你有一个非常明确并极其想达到的目标时，你对钱的迫切程度就会大大提高。

迫切感会让你行动起来，而且还会让你尽可能地多储蓄一点。在此我要特别说明一点：迫切感和对钱的欲望是不一样的。过分的欲望让人不只紧盯着自己的储蓄，还会对别人的东西产生贪念。这种欲望只会让你活得更累。

复利的魔法棒

如果说，这世间确实有一根能让人成为富翁的“魔法棒”的话，那可能就是“复利投资”了。与“复利”相对的概念是“单利”，它们之间的差异在于计算利息的方式不同：复利不仅计算最初投入的本金的利息，还包括利滚利（即把利息加在本金上重新当本金）。单利仅仅是对最初的本金计算利息。

如果把 60 万元按年利率 10% 投资复利式金融产品，2 年后可以得到如下结果：

- 1 年后利息：60 万 ×10%=6 万
- 2 年后利息：（60 万 +6 万）×10%=6.6 万
- 投资结果：60 万 +6 万 +6.6 万 =72.6 万

把 60 万按年利率 10% 投资单利式金融产品，2 年后的情况却有些不同：

- 1 年后利息：60 万 ×10%=6 万
- 2 年后利息：60 万 ×10%=6 万
- 投资结果：60 万 +6 万 +6 万 =72 万

复利通常是指年复利，按计算周期也可以分为年复利、6 个月复利、月复利等。看到上面的案例，有些人可能会认为无论是以复利的方式还是单利的方式，结果好像都没有太大的差异，但事实绝不是这样的。有一个关于复利的故事，相信很多人都听说过：

1626年，美国早期移民用价值24美元的首饰和小玻璃球，向印第安人买下了整个纽约曼哈顿。当以华尔街为象征的曼哈顿成为世界金融中心后，人们嘲笑当时的印第安人愚蠢。但著名的基金经理彼得·林奇却有不同的看法。他说，如果当时印第安人把收到的东西换成钱，按年利率8%投资复利式债券的话，363年后的1989年可能已经有大约32万亿美元了。

1989年，整个曼哈顿的地价按市值还不到1千亿。可想而知，32万亿是一笔多大数额的钱了。人们称这样的现象为“复利的魔法”。如果把24美元按年利率8%用单利投资，363年后会有多少呢？其结果更让人惊讶，仅仅是721美元。

如果你觉得363年的时间太长，那么不妨考虑一下我关于下面这场交易的提议：假如我愿意借给你60万元，偿还条件是下个月只还6元，以后的每个月要比前一个月多还5%的金额，持续还款20年。也就是说第一个月还6元，第二个月还6.3元，第三个月还6.6韩元，第四个月还6.9元，以这种方式分20年还款，每个月只需多还一点点。请问：你愿意和我做这场交易吗？

如果你认为，借款60万元，每个月只需还6元，实在太轻松了，从而同意进行这场交易的话，你会后悔一辈子的。因为在这20年里，你至少要支付1 440万元。站在你的立场上看，你是借了60万元，支付了1 380万元的利息；站在我的立场上看，我是投资了60万元，收益了1 380万元。这就是按月复利5%的收益率每月投资6元的方式，20年后这笔投资会超过1 440万元。

有些人由于无法向银行贷款，不得不借高利贷，最后走向破产，正是这个原因。只要延期还款一次，不仅是本金的利息，利息衍生的利息也会按复利的方式增长。这样一来，要偿还的金额可能一下子变成了本金的 2 倍甚至 3 倍，最后就算想还也无能为力了。复利具有强大的力量，所以，即使是 1% 的差异，利用它进行投资的结果也会天差地别。如果把 60 万元按年利率 4% 的税后收益率复利投资，30 年后会变成 195 万元；按年利率 5% 的税后收益率，30 年后会变成约 259 万元；如果可以按年利率 7% 的税后收益率，30 年后则约 457 万元。

仅仅 1% 的收益率差异，30 年后却带来 64 万元的差异；3% 的收益率差异，30 年后会带来 262 万元的巨大差异（超过投资本金 4 倍多）。有经验的富翁们非常清楚这种差异。

表 1.1　一次性投资 60 万元的复利投资收益表

（单位：元）

投资本金	税后收益率（年复利）	5 年	10 年	20 年	30 年
600 000	4.00%	729 960	888 120	1 314 660	1 946 040
	5.00%	765 720	977 280	1 591 980	2 593 140
	7.00%	841 500	1 180 260	2 321 760	4 567 320
收益率 1% 的差异		35 760	89 160	277 260	647 100
收益率 3% 的差异		111 540	292 140	1 007 100	2 621 280

表 1.2　每年追加投资 6 万元的投资收益表

（单位：元）

每年追加金	税后收益率（年复利）	5 年	10 年	20 年	30 年
60 000	4.00%	337 980	749 160	1 858 140	3 499 680
	5.00%	348 060	792 360	2 083 140	4 185 600
	7.00%	369 180	886 980	2 631 900	6 064 380
收益率 1% 的差异		10 080	43 200	225 000	685 920
收益率 3% 的差异		31 200	137 820	773 760	2 564 700

• 税后收益率：除去由收益而产生的所得税、交易金融产品时须支付的手续费等各种投资费用后，获得的最终收益率。

一天清早，我到某银行江南区逸院洞支行办理业务。距离办公时间还有几分钟，但银行里已经坐着五六位老人了。我好奇地向大堂经理询问他们是办理什么业务。大堂经理告诉我，这些老人是 VIP 顾客，今天是来办理数量有限的特殊定期存款业务，一大早就到银行排队等待了。

逸院洞住宅区住着很多年老的富翁，他们常去银行办理相关业务。

为了实现人生的梦想与目标，在进行投资理财时可选择将一笔投与定投相结合。一笔投是对当前可投资资产的投资决策，定投是对未来可投资资产的投资选择。

由于股票型基金可能会损失本金，他们更倾向于保守的投资。即使是低息时代，他们依然偏爱定期存款或确定利率型免税年金保险（确定利率型是与利率联动型相反的概念，指保险公司与投保人约定期满时，返还投保期间从投保人收取的保险费及每年确定利率的保险商品。——译者注）等。那时正是寒冷的一月，但他们不顾寒冷大清早在银行等候，仅仅只是为了获得一年仅有的一两次能够得到 1% 追加利息的好机会。

很多人都觉得 1% 微不足道，但富翁们从来不会漠视这种差异。6 000 元，1% 的利息仅仅不过 60 元，但如果把本金追加到 600 万，1% 的利息就有 6 万元。正因重视这种细微的差异，所以他们才能够成为富翁，并且未来依然是富翁。

如果你已经明白了复利投资的重要性，就要养成一种习惯，那就是在投资储蓄、基金等金融产品时，要亲自计算复利投资收益率，做到明明白白投资。

假设用 60 万投资基金，5 年后变成 72 万元。

通过计算收益率可以知道，投资本金 60 万元，得到 12 万元的收益，5 年期间的累积收益率是 20%。收益率虽算不上很高，但还是可以接受的。不过，通过计算我们发现，它的年复利收益率只有 3.7%，这比最近银行 1 年定期存款利率还要低。换句话说，如果办理定期存款业务，每年反复储蓄本金和利息，反而能得到更大的收益。当然，根据投资期间的利率变动，其结果可能会有些差异。实际上，我真正想说的是，基金投资的实际收益率有时会比评估的收益率更高。

单纯用累积收益率除以投资期限计算年均收益率的方法（即用 5 年的累积收益率 20%，除以 5 计算出年均收益率为 4%）也不是很合理的收益率评估方法。因为这种计算方法可能是用单利计算的，投资期限越长，这种错视现象会更明显。

如果将 60 万元按 7% 的税后年收益率复利投资，经过不同年限的累积，金额如下表 1.3。明明是用 7% 的年复利收益率计算的，但看上去似乎单利计算出的年均收益率更高，而事实上并非如此。这就是所谓的“收益率错视现象”。因此，投资（基金等）后，最好还是先计算复利收益率，然后和银行的定期存款利率相比较。只有这样，才能更合理地评估本金损失的风险。这种做法不仅适用于金融产品，还适用于股票、房地产等投资对象。

表 1.3　收益率错视现象

（单位：元）

投资本金	税后收益率（年复利）	5 年	10 年	20 年	30 年
600 000	7.00%	841 500	1 180 260	2 321 760	4 567 320
累积收益率		40.25%	96.71%	286.96%	661.22%
年均收益率		8.05%	9.67%	14.35%	22.04%

计算复利收益率的方法虽然有些复杂，但可以利用 Excel 软件进行简单的计算，即使不知道原理也没有关系。

计算复利收益率，在 Excel 的单元格中输入：

=rate（投资年数，0，－投资本金，投资结果）

例如，一次性投资基金6万元，3年后变成7.2万元，在单元格中输入：

=rate（3，0，－60 000，72 000）

Excel软件会自动计算出结果：6.3%，这表示本金在3年内按年均收益率6.3%的复利进行投资。（如果不是6.3%，而是0或0.06，选定单元格状态，按鼠标右键选择单元格的格式，打开设置单元格格式对话框，在数值选项卡中选择百分比范围，调整小数位。）

如果是每月追加式投资，就在单元格中输入：

=rate（投资月数，－月追加金，0，投资结果，1）*12

例如，每月追加式投资6 000元，3年（36个月）后变成24万元，在单元格中输入：

=rate（36，－6 000，0，240 000，1）*12

Excel软件会自动计算出结果：6.7%，这表示每月投资的钱相当于按6.7%的年均收益率复利投资。

事实上，评估投资收益率并不像想象的那么简单，如果想用前面提供的复利收益率计算方法，那么只有在一次性投资或每月定期定额投资后，以年为单位评估收益率时，才可以得出正确的结果。如果投资基金等实绩红利型（即根据经营实绩可以得到很多收益，也可能会损失本金。——译者注）金融产品后，在投资期间回收一部分资金或不定期不定额投资，还有投资期限不是以年为单位时，前面提到的计算方法都不适用。所以，专家们常采用“金额加重收益率”或“时间加重收益率”的计算方法。但对个人投资者来说，没有必要用这么复杂的收益率计算方法。即使采用这种计算方法，如果投资金额的注入与回收太过频繁，其计算过程也会变得很复杂。

基金投资有三个要点：选基金公司比选基金经理更重要；下跌市表现比上涨市表现更重要；长线回报率比短线回报率更重要。

在这里，我提供一种简单的复利收益率计算方法，可以作为评估投资收益率的补充方法。例如，一次性投资期限为1年6个月，就用1.5年计算，如果是追加式不定期投资，就用一年的投资总额除以12的得数作为每月的投资金额，这样就可以计算出大概的年复利收益率。

值得注意的是，用一次性投资收益率计算方法，计算追加式投资收益率可能无法得出正确的结果。案例中，投资总额21.6万元（=6 000元×36个月），得到了2.4万元的收益，累积收益率是11.1%（=2.4万元÷21.6万元），年均收益率是3.7%（=11.1%÷3年）。费尽精力投资了3年，却只得到这个结果，不禁令人失望，但这并不是一个合理的评估方法。因为这是把21.6万元当做一次性投资计算的收益率，并不是每月追加式投资的收益率。就像在银行办理了零存整取存款业务，到期利息不能用定期存款利息计算一样。如果办理了3年期限的零存整取存款业务，想得到3年定期存款利息，就要办理税后年利率7.2%的零存整取存款业务，这其实是一个不小的收益率。

定期存款和零存整取存款的利息差异

把6万元按5%的年利率定期存款（相当于中国的整存整取定期存款。——译者注），1年后会有3 000元的利息。但是以同样的利率，办理零存整取存款业务，每月存4 998元，存一年（4 998元×12个月≈60 000元），到期后的利息只有定期存款利息的一半左右，即1 620元。这是因为只有第一个月的储蓄金额能够得到5%的年利率，但从第二个月开始只能按11个月的利息计算、第三个月按10个月的利息……最后一个月只能按1个月的利息计算，而这是由于每个月存款的期限不同造成的。

零存整取到期后的利息可以参考下面的方法简单地计算：

到期利息（税前）= 月储蓄金额 ×（利率 ÷12）×［到期月数 ×（到期月数 +1）÷ 2］

例如，每月存6 000元，按5%的年利率零存整取存款一年，到期后利息是：6 000元 ×（0.05÷12）×［12 ×（12+1）÷2］= 1 950元。

此外，还有一种简单的应用复利的计算方法，被称为“72定律”，这个计算方法可以用下面的公式表示：

本金增长2倍所需时间（年）=72÷ 年复利收益率

例如，按4%的年复利收益率投资6万元，到收益增长为本金的2倍即12万元需要18年的时间（=72÷4）。如果可以按7.2%的年复利收益率投资，会比这个时间更短，即 10 年（=72÷7.2）后变成 12 万元。应用上面的公式，表示为：

本金增长 2 倍所需年复利收益率（%）=72÷ 时间（年）

例如，想把 6 万元在 5 年后变成 12 万元，就要按 14.4% 的年复利收益率（=72÷5）进行投资。虽然这只是一个简单的公式，却对建立投资计划或预测投资结果非常有帮助。但是，“72 定律”适用于一次性投资，并不适用于每月追加式投资。

一说到复利投资，人们就理解成投资复利式金融产品，其实应该从投资行为本身去理解。

例如，**定期存款一年，到期后将产生的利息和本金再次定期存款一年，这种行为就是一种复利投资**。如果到期后提取利息，再把本金定期存款一年，或提取本金的一半，再把剩余的钱定期存款一年，这种行为并不是复利投资。即把投资的本金和所产生的收益一起反复（或继续）投资的行为就是复利投资，这不仅适用于储蓄，也适用于股票、基金、房地产等投资对象。比如投资基金后，把本金和收益全部投资房地产，或拿出一半继续投资基金，剩下的一半投资房地产，这种行为也是复利投资，只不过投资对象上发生了变化或分散。除此之外，如果把通过这种方式积攒的钱全部用于创业，则是更广义的复利投资。

115 法则：现值翻 3 倍的年限大致等于 115 除以年利息率百分数。翻 3 倍的时间 =115/（利息率 *100）

我在前面一直强调的“复利的魔法”，并不单指对复利式金融产品实施了魔法，也是指对不断复利投资的行为实施了魔法。请想一下，投资的主体是谁呢？是人。所以，你手里也同样握有魔棒，关键在于作为魔法师的你要不要实施复利的魔法。

TIP 物价上涨率也是复利

假设每年的物价上涨率是4%，今年6元一包的方便面明年会变成6.24元，后年就会变成6.49元。你正在读这本书的时候，钱的价值也会以复利的方式减少。

表 1.4 物价的变化

（单位：元）

当前物价	物价上涨率（年 %）	5 年	10 年	20 年	30 年
6	3.00%	7	8	11	15
	4.00%	7	9	13	19
	5.00%	8	10	16	26

比如今天，你还可以用6元买到一包方便面；到了明年，你可能很难再买到一包方便面。这是因为经过一年，钱的价值会减少，所以无法再用同样的价钱买到同样的方便面了。又比如，有一套公寓，现在的售价是120万元，如果你想在3年后购买，只准备了120万元是买不到这套公寓的，因为在这3年间，房价上升的可能性非常大。

所以，在制订长期投资计划的时候，应该同时考虑收益率和物价上涨率。正因为这个原因，在低息时期，如果只投资收益率比较低的定期存款或零存整取，收益就可能会有所损失。

表 1.5　钱的价值变化

（单位：元）

当前价值	物价上涨率（年 %）	5 年	10 年	20 年	30 年
600 000	3.00%	520 000	450 000	330 000	250 000
	4.00%	490 000	410 000	270 000	180 000
	5.00%	470 000	370 000	230 000	140 000

因此，如果投资收益率与物价上涨率无法持平，那么投资和消费其实并没有什么不同。对于物价的变化和货币价值的变化，也可以用前面提到的“72 定律”预测。

物价上涨 2 倍所需时间（年）=72÷ 期间的物价上涨率

存款贬值一半时所需时间（年）=72÷ 期间的物价上涨率

假设每年的物价上涨率是 4%，18 年（=72÷4）后物价会变成现在的 2 倍，存款的价值就会变成现在的一半。

时间 = 等待 = 金钱

现在我们来谈一谈时间对于财富增长的意义。可以说：**“没有时间，复利就没有魔法。”**

在财富形成的过程中，时间很重要，所以我在财富方程式中列出了时间的平方。其实，在这里所说的“时间”，也可以解释为“等待”。

现代人做事大都比较浮躁，甚至有人在投资基金的时候，也像投资股票那样，总是在短期内买进卖出，一年内多次从这个基金换到那个基金。但事实上，并不是着急就能赚得更多更快。应该**在投资之前慎重选**

择，投资之后耐心等待。

美国著名基金经理彼得·林奇在执掌麦哲伦基金的13年间，创造了累积收益率2 700%，年均复利收益率28.9%的惊人成绩。但投资麦哲伦基金的人当中，有一半的人却损失严重。这是因为这些人都是在基金收益率高的时候投资，一旦看到收益率下跌，就把钱撤回。只有那些耐心等待的人，才能最终得到“醇美的香槟”。

长期投资是一种很好的投资方法，但在选择长期投资品种的时候必须谨而慎之。我们的身边充满通过长期投资致富的例子，但也不乏10年之后资产依然被套的例子。

每年都有很多人到汝矣岛汉江岸边玩火花游戏。人们为了找到一个好位置，花几个小时在那里等待。火花游戏开始后，惊叹声四起，每个人都觉得自己是火花魔法的主角。在那短暂的时刻，忘却积累已久的疲劳与烦恼。但美丽的瞬间结束之后，剩下的只有火药味和垃圾，以及回家的漫漫长路。

复利的魔法没有火花的魔法那么华丽，也不是提前几个小时到达，然后站在好位置就可以欣赏到的一场秀。复利的魔法只有秉持信任，一直耐心等待的人才可以看到，是在漫长的岁月中忍耐的结果。而且，复利的魔法一旦开始，就不会像火花的魔法那样昙花一现，而是会更长更久，甚至会延续到下一代。

那些白手起家、令人羡慕不已的富翁们，在过去贫穷的日子里，也曾迫切地期盼能够获得财富，于是拼命地储蓄和投资，最终，他们都见证了复利的魔法。

也许你会想：要成为富翁竟然需要10年、20年的时间，是不是太长了？不过，如果能够稍微调整一下视角，你可能就会得出不一样的结论。

我常常不愿相信自己离40岁越来越近了。坐在爸爸怀里看电视；

大学的第一堂课；从部队退役的第一天；听到妻子怀孕的消息后，开心地给亲戚朋友们打电话……这一切都好像是昨天刚刚发生的事情，但事实上，我已经是个奔 40 岁的人了。回首往事，岁月如梭。再过 10 年、20 年，我一定还会有这样的感受吧。

时间对每个人都很公平，它不会因任何人而暂停脚步，永远只会向前走。有的人在某一天终于成了富翁，而有的人一辈子清贫。

人们感慨自己的命运，埋怨上天不公平，可是我认为这并不是因为所谓的“人各有命”，而在于各人的选择。我相信，只要努力，借助储蓄，任何人都能够比现在拥有更多的钱。所以，只要你常常思考怎样有效地投资，主动学习怎样理财，并学以致用，那么，剩下的问题就交由时间去解决吧。

现在，我们一起试着解“财富方程式”，可以简单理解成：**“要想成为富翁，就要满怀迫切地、坚持不断地进行复利投资。”**

假设每年存 6 万元，并且不使用这笔钱，以 7% 的税后年收益率不断地复利投资，那么 20 年后就会获得 264 万元，30 年后就会获得 600 万元以上。如果能够以更高的收益率投资，就会拥有更多的财富。如果第一年存 6 万元，从下一年起，比前一年增加 5% 的储蓄额，那么 20 年后就会获得 390 万元，30 年后就会获得 1 056 多万元。

表 1.6 投资 6 万元后的投资收益表

（单位：元）

年储蓄额	储蓄额增额率（与前一年相比）	税后收益率（年复利）	10 年	20 年	30 年
60 000	0.00%	7.00%	886 980	2 631 900	6 064 380
	5.00%		1 085 760	3 904 560	10 561 860

迫切程度　　复利投资　　时间^2

"你每年能存多少钱?""每年你的储蓄额能否增长?"通过答案,可以判断出你到底有多么迫切地期盼成为富翁。

如果没有迫切感就不会充分储蓄,也就找不到合适的投资方法,也无法耐心地等待。我并不是说每年储蓄6万元以上就是有迫切感,而储蓄3万元就不是。每年到底能储蓄多少,要根据自身的条件决定。而到底存多少最合适,只有自己能找到最佳答案。

你的财富目标计算过没有?

你想成为富翁吗?那就请你确立明确的目标。听了这话,也许很多人会反问:这一点再明白不过了,谁不知道?你说得没错,我一直都认为世人都明白的道理才是真理。

在前面,我提过两个问题:

> 你认为拥有多少钱才算是富翁呢?
>
> 你认为有一天你会成为一个符合自己标准的富翁吗?

第一个是目标问题,第二个是可行性问题。财富目标要建立在自身实际情况的基础上,而没有可行性或可行性很小的都不是目标。

很多人常常把梦想和目标混淆。如果你希望自己能够成为比尔·盖茨那样的世界首富,而且这种梦想非常迫切,那你就会采取积极的行动。

但这不是一个现实的目标。**目标是经过计算并且具有极大可行性的**。例如,根据你目前的收支情况分析,每年可存金额最多有6万元,所以要用3年的时间准备18万元以上的本钱,这是一个目标;根据过去的收益率情况分析,每月用6 000元投资年均复利收益率10%的股票型基金，用 3 年的时间准备 24 万元，这也是一个目标。确定经过计算的目标然后再一一实现，就是在一步一步向梦想迈进。梦想可以很大，但目标一定要现实。

“经过计算的财富目标”可以是 60 万元，也可以是 6 000 万。由于每个人的生活环境、生活条件都不一样，实际上并不存在绝对的标准。每个人都应该根据自身的实际情况决定自己的目标，没有必要和别人比较。在这里，我介绍一种能够帮助你确立“经过计算的财富目标”的方法。

同一笔资金在不同投资方式和投资回报率下，在 30 年后的金额相差很大。所以，可以先确定 30 年后需要的资金，再倒推出现在应当采用的投资方式或必须达到的投资回报率。

第一，你要掌握自己目前的财产状态。请填写下面的资产・负债状况表（表 1.7），不用细分金融资产，房地产等种类，只需计算出你目前拥有的资产（财产）和负债共有多少，再计算出减去负债后的净资产金额。

表 1.7　资产・负债状况表

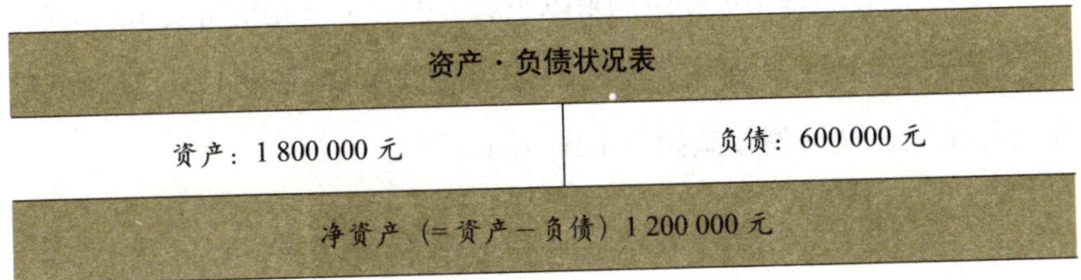

资产・负债状况表	
资产：1 800 000 元	负债：600 000 元
净资产（= 资产 − 负债）1 200 000 元	

用表 1.7 计算的净资产金额乘以下表 1.8 中每个单元格所表示的系数。

假设表 1.7 计算的净资产按年复利收益率 4% 或 7% 增长，这个过程中的预测金额如表 1.8 中所示。

表 1.8 税后收益率预测表

税后收益率（年复利）	10 年	20 年	30 年
4%	×1.48= 元	×2.19= 元	×3.24= 元
7%	×1.97= 元	×3.87=4 644 000 元	×7.61= 元

例如，现在所拥有的净资产金额是 120 万元，如果每年按 7% 的年复利收益率增长，20 年后就会拥有约 464.4 万元。

第二，你要掌握平均收支金额。请填写以下收入 · 支出状况表（表 1.9），并计算每月可存金额和每年可存金额。

表 1.9 收入 · 支出状况表

收入 · 支出状况表			
月收入：	18 000 元	月支出：	12 000 元
每月可存金额（月收入－月支出）		6 000 元	
每年可存金额（每月可存金额 ×12）		72 000 元	

表 1.9 计算的每年可存金额乘以下表 1.10 每个单元格所表示的系数。

假设每年按年复利收益率 4% 或 7% 投资，对照表 1.9，计算出每年可存金额，则预测金额如表 1.10 所示。

表 1.10 税后收益率预测表

税后收益率（年复利）	10 年	20 年	30 年
4%	×12.49= 元	×30.97= 元	×58.33= 元
7%	×14.78= 元	×43.87=3 158 640 元	×101.07= 元

将表 1.9 和表 1.10 的结果相加，就是你在未来可能拥有的财富总额。

例如，每年可存金额是 7.2 万元，按年复利收益率 7%，每一年投资同样多的金额，20 年后就会拥有约 315.6 万元。因此，20 年后能获得的金额大约是 780 万元（=464.4 万元 +315.6 万元）。

当然，20 年后的最终数目不可能和上面计算的结果完全一致。因为每年的收益率、储蓄金额可能和案例中假设的有所不同，并且还会受到其他因素的影响。但即使是这样，这种预测方法还是非常有用的。

假如你一直保持我们刚刚计算的储蓄水平和 7% 的年均复利收益率，20 年后就会拥有约 780 万元。因此，你可以确定 20 年后的财富目标，即至少拥有 780 万元。如果想确定 5 年或 10 年后的财富目标，也可以采用和上面相同的计算方法。

你想在 20 年后拥有比 780 万元更多的钱吗？那至少要能解决下面问题中的其中一个：

先存够比 780 万还要多的钱，然后再复利投资。

按 7% 以上的年收益率复利投资。

如果你决定存够比 780 万还要多的钱，就要找出能够增加收入或减少支出的方法。如果你决定以更高一点的收益率投资，就要增加股票（基金）的投资比重或投资其他更高收益的商品。像这样，“经过计算的财富目标”不仅能够让你向自己提出问题，而且在解决这个问题的过程中你会不断地思考，并主动学习理财，从而一步一步靠近梦想。

你必须采取必要的行动来达到你心中的目标，设定你的盈亏点，果断处理投资。要知道，树是不会长到天上去的，它的起点源于过去的根基，它的高度始于目前脚踩的大地。

预测一下未来我们可能拥有的财产

表 1.11　资产·负债状况表

资产·负债状况表	
资产：　　　　元	负债：
净资产（=资产－负债）	

表 1.12　税后收益率

税后收益率（年复利）	10 年	20 年	30 年
4%	×1.48=　　元	×2.19=　　元	×3.24=　　元
7%	×1.97=　　元	×3.87=　　元	×7.61=　　元

表 1.13　收入·支出现状表

收入·支出现状表	
月收入：　　　　元	月支出：　　　　元
每月可存金额（月收入－月支出）	元
每年可存金额（每月可存金额 ×12）	元

表 1.14　税后收益率

税后收益率（年复利）	10 年	20 年	30 年
4%	×12.49=　　元	×30.97=　　元	×58.33=　　元
7%	×14.78=　　元	×43.87=　　元	×101.07=　　元

应该懂的换算系数

表 1.15　根据投资收益率换算钱的未来价值系数

税后收益率（年复利）	投资方法	未来价值	5 年	10 年	20 年	30 年
4.0%	一次性	最初金额 ×	1.21	1.48	2.19	3.24
	追加式（定额）	第一年累积金 ×	5.63	12.49	30.97	58.33
	追加式（增额，年 5%）	第一年累积金 ×	6.20	15.46	48.07	112.17
5.0%	一次性	最初金额 ×	1.27	1.63	2.65	4.32
	追加式（定额）	第一年累积金 ×	5.80	13.21	34.72	69.76
	追加式（增额，年 5%）	第一年累积金 ×	6.38	16.29	53.07	129.66
7.0%	一次性	最初金额 ×	1.40	1.97	3.87	7.61
	追加式（定额）	第一年累积金 ×	6.15	14.78	43.87	101.07
	追加式（增额，年 5%）	第一年累积金 ×	6.76	18.10	65.08	176.03
10.0%	一次性	最初金额 ×	1.61	2.59	6.73	17.45
	追加式（定额）	第一年累积金 ×	6.72	17.53	63.00	180.94
	追加式（增额，年 5%）	第一年累积金 ×	7.35	21.23	89.63	288.80

表 1.16　根据物价上涨率换算钱的未来价值系数

物价上升率（年 %）	物价和钱的价值	未来价值	5 年后	10 年后	20 年后	30 年后
3.0%	物价	最初金额 ×	1.16	1.34	1.81	2.43
	钱的价值	最初金额 ×	0.86	0.74	0.55	0.41
4.0%	物价	最初金额 ×	1.22	1.48	2.19	3.24
	钱的价值	最初金额 ×	0.82	0.68	0.46	0.31
5.0%	物价	最初金额 ×	1.28	1.63	2.65	4.32
	钱的价值	最初金额 ×	0.78	0.61	0.38	0.23

延伸阅读

靠储蓄我们不能成为富翁，但没有储蓄的习惯更加成不了富翁。我们想要成为富翁是因为金钱会带给我们力量和权力，改变我们和亲人、朋友的关系，改变我们的生活方式和生活水平。

也许，我们生活中的幸福并不是来自金钱，但财务的窘迫、投资的失败及生活中不可知的意外事件，一定会深深影响我们的独立、自由、尊严。因此，对财务理性的心态，能帮助我们用智慧协调家庭、爱情和友情的关系，理解新经济的游戏规则、解读令人眼花缭乱的投资市场和投资工具、减少因为知识缺乏而支付的生活成本，同时还会给我们足够的心情去感知幸福，恣意享受生活，并发挥我们的能力以及对他人付出爱。

专家导读

我认识一位潮州的老板娘，家里有三个漂亮的女儿，一家人过着富足优越的生活。随着家庭事业的发展，她的先生做起了房地产生意。遗憾的是，在后来的海南房地产泡沫中，由于房地产生意失败，他们家破产了，生活一下变得异常艰辛。我的老板娘朋友因此常常责怪她的丈夫。可没想到的是，她的先生却反过来责问她："你为什么不在生意好的时候多存点钱呢！"

如果这位潮州老板娘在家境好时注意理财的话，她可以给她的孩子和家庭购买一些保障性保险，也可以准备一笔备用金来预防不测，还可以预留一笔再次投资的初始资金，那么或许她先生在投资上的失败就不会让家庭陷入这样的困境。但是现实没有"如果"。生活中总是充满了意外或者惊喜。我们自然都喜欢惊喜，但是必须要为那不确定的意外作好准备。

第2章 简单理财三步走

“持久收入”假说告诉我们：消费支出主要不是由现期收入决定，而是由持久收入决定。因此，只有管理好自己当前的财务资源，处理好短期支出与长期支出的关系，才能达到财务平衡。

简单省时的理财方法

理财的首要目的是最大限度积攒钱，最终目的是成为富翁。所以，想要成为富翁首先应该充分储蓄，再用这笔钱投资优质的金融产品。当然，这并不是说，只要这么做任何人都能成为富翁，但可以确定的是，如果没有理财的好习惯，成为富翁只会是南柯一梦。

你想存更多的钱吗？那就增加收入或减少支出吧。也就是说如果要保证目前的消费水平，就要增加收入；如果无法增加收入，就要减少支出。除此之外，别无他法。但是增加收入并不是一件容易的事，也很难根据个人意志改变，因此，相对容易的方法就是减少支出，这才是上上之策。也许有人会说，减少支出也很困难。但据我了解，除特殊情况外，**一般人不能充分存钱的主要原因就是因为不清楚自己的月收入支出了多少，剩下多少。因此，只要弄清这个问题，就能积攒更多的钱。**

父母总是很想知道孩子最近在学校学了什么，和同学相处得怎么样。如果听到有人欺负自己的孩子，就会更加用心保护孩子。我认为对待一分一分辛苦赚来的血汗钱，也要像对待自己的孩子一样，给予更多的关心。因为金钱是保持眼前生活、实现未来梦想不可或缺的物质基础。

正是基于这种观点，我非常关心自己的支出情况，比如什么地方支出了多少，有没有不必要的支出，为了实现梦想，能够拿出多少来投资等。但我不会因此每天记账或用计算器整理发票，也反对这种做法。我从来不记账，每次拿到发票时，确认金额后就会撕掉。我和其他人一样，每天的生活都很丰富，不可能把所有的精力集中在钱的问题上，而且我从来不认为钱是人生的全部，如果被钱所约束的话，我的人生就不再是我的，而是钱的。

理财是一种生活方式，善待财务的生活方式。很多人害怕理财的繁琐，也许挣钱很辛苦，但花钱或投资却很随意。但一个随意的财务决策的失误，可能会让你从富人变成穷人。

为此，我设计了一个理财系统。这个系统可以清楚地显示我每个月收入了多少，支出了多少，剩下多少。不仅如此，如果这个月的储蓄比上个月少，我也可以很容易找出原因。通过这个系统，我彻底掌握了自己的收支情况。而且，我每个月用于理财的时间也不过是一两个小时，即使不能做到事无巨细，系统依然能有序地运转。

每个人都有自己独特的理财方法，就算不理财也是一种方法。所以，我并不认为只有我自己的方法好。只要能够充分储蓄，能够让资产增长就是好的理财方法。

如果你按自己的方法理财，却对结果不满意，那就有必要更换方法。如果不换方法而只希望换结果，就是一种贪婪。如果你正在为不懂理财方法而苦恼，那可以借鉴一下我在第 3 章中介绍的理财系统。这个系统很简单，只要能够理解下面的理财原则和几种金融产品，任何人都可以轻松地应用。

简单理财三步走：储蓄、预留、再投资

你下过象棋吗？如果你是一位象棋高手，绝对不会一开始就发起攻击，而是先作好防御准备，铺好路后再开始全面攻击。其实，理财也是同样的道理。如果把投资比喻成攻击，那你应该在作好充分防御后再攻击。如果一开始就派小兵攻击，只会增加失败的概率。

如果你想有效地理财，请掌握以下三步：

控制好支出并充分储蓄。（支出储蓄管理）

预留备用资金。（备用资金管理）

长期投资。（投资管理）

我称这三点为“理财三步走”。

“控制好支出”就是要分清楚必要的支出和不必要的支出，以免浪费。这并不是说要无条件地节省、不花钱，而是要养成每月定额消费的习惯，这对充分储蓄有很大帮助。

“预留备用资金”就是要预留一部分非常资金，以防不测。如果在没有备用资金的情况下投资，万一发生意想不到的事情而需要支出一大笔钱，就会影响投资计划。

“长期投资”就是要不断地复利投资。理财的最终目的是成为富翁，而想成为富翁一定要不断地复利投资，关于这一点我在前面一直强调。控制好支出、预留备用资金，都是为了能够成功地长期投资，最终成为富翁。

如果用更简单的语言概括“3阶段理财法”，就是“储蓄、预留、再投资”。如果深刻理解并切实实践这个简单的原则，对理财十分有益。

TIP 储蓄与投资

一般人都认为能够保本的银行定期存款、零存整取存款等属于"储蓄"，而有风险的股票、基金等属于"投资"。这本书中所讲的"储蓄"是指收入中减去支出后剩下的钱，即不区分定期存款、零存整取存款、股票、基金、房地产等，凡能够带来财富的投资行为都定义为"投资"。

捂紧你的钱袋：支出及储蓄管理

支出管理的目的是为了充分储蓄，有计划地支出。这有助于你把每月的支出控制在一定金额内，减少不必要的支出，形成良好的习惯。

想要有计划地支出就需要事先预测每月或每年的必要支出是多少。据我的经验，这对于大部分上班族并不是什么难事，而对于那些自由职业者而言，预测事业方面的支出有些困难，但可以预测家庭的支出。

大部分小有成就的人是在机遇面前发挥了自己在某一领域的聪明才智而成功的。在管理财富时，他们仍然坚信自己的聪明才智，于是在一个自己并不擅长的领域中犯下一系列错误。

每月所支出的钱，根据性质可以分为公共支出、固定支出、变动支出等，如果每年只需支出 1~2 次，就划分为季节性支出。

公共支出包括所得税、社会保险费、医疗保险费等。如果是上班族，每月在发工资之前，这些支出由公司按政府规定的比率代扣，所以很容易预测每个月支出了多少。如果是自由职业者，除了所得税不好预测外，社会保险和医疗保险费还是可以预测的。

固定支出是指贷款利息、公寓管理费、各种公共费用、保障性保险费等。这是每月(或定期)必须在指定的日子以转账方式(或代缴方式)交纳的费用，这个费用基本没有什么变化，所以也很容易预测每月的支出是多少。

变动支出是指日常饮食、偶尔外出吃饭的费用、服装费、交通费、娱乐费用等。这些主要用于生活费的支出，和公共支出或固定支出不同，根据每月的开销情况，变化的幅度会大一些。因此，根据个人的消费倾向或生活环境可以很容易预测每月所需的支出是多少。换句话说，这项支出可以根据个人的意志稍做调整。

季节性支出是指财产税、汽车保险费、过节费、休假费等。这项支出一年内只需支出1~2次,所以也很容易预测需要支出多少。而且,像过节费、休假费等费用还可以根据本人的意志稍做调整。

现在，我们可以先计算公共支出、固定支出、季节性支出，再计算平均变动支出，并以此预测每月或每年的必要支出。通常，一个人的支出水平在短期内不会有大幅度的变化，所以预测支出的计算每年只做 1~2 次就可以了。

表 2.1　支出的区分

公共支出	所得税等	所得税、社会保险费、医疗保险费、劳动保险费等
固定支出	负债偿还利息	住房贷款偿还利息、汽车贷款偿还利息、信用贷款偿还利息等
	住房相关支出	物业管理费、租金（租房费）、水费、天然气费、电费、通讯费（有线电话、网络）等
	子女相关支出	幼儿园费、补习班费等
	保障性保险费	终身保险、定期保险、医疗保险等
变动支出	家庭生活支出	菜钱、偶尔外出吃饭的费用、休闲费、服装费、医疗费、子女零花钱、手机费、车油费、大众交通费等
	社会生活支出	社交费、零花钱、聚餐费、红白喜事费用
季节性支出	财产税等	财产税、汽车税、汽车保险费、过节费、休假费等

为了控制好支出，首先要区分可调整的支出和不可调整的支出。所得税、社会保险费等公共支出在每月发工资前由公司代扣，所以是不可调整的支出。而且，属于固定支出的费用也不容易调整，所以最终可调整的支出只有变动支出，即生活费的部分。我所说的“节约”也是指要节省生活费，而不是说少交医疗保险费或不交子女上补习班的费用。**如果每月的变动支出也能像固定支出那样保持一定金额，没有太大的变化，自然就会形成每月定额消费的习惯**。但如果每个月的变动支出虽然能保持却处于过高的水平，则对“充分储蓄”的支出管理毫无意义，所以重要的是保持适当的支出水平。

控制支出是一种理财方法，通过尽可能减少不必要的消费以获得更多的投资资金。不过，如果为了减少开支而让自己过着“抠门”的日子，那你就忘了获取财富的最初目的。

从另外一个角度看，我们**可以把控制支出理解为控制自己**。控制自己的方法是很难通过别人的帮助学到的。所以，我从来不会对别人说诸如“如果戒烟，每个月可以省多少”“如果喝自动贩卖机上的咖啡比喝外卖咖啡省多少钱”等类似的话。我会劝人们每月规定一定金额，再试着过定额消费的生活。最重要的不只是想想，而是要行动起来。MBC 有一个节目叫“60 元的幸福”，要求参加节目的演员们试着用 60 元生活一个星期。其实，这是非常有效的控制消费的方法。

控制支出的具体实施方法如下：

首先，仔细查看近 3 个月的变动支出明细，再计算出月平均支出金额。其中，如有不属于日常支出范畴的（例如，上个月的医疗费突然增加了或这个月因为修车花掉了比平时更多的钱）就从上面的计算中减去。

然后，把计算出的金额的90%存到有存折的借记卡上，作为一个月的生活费。

最后，所有的支出都用借记卡结算，实时管理余额，即使是需要提取现金时也只从这本存折中提取。在实施的过程中，要注意不要和其他卡混淆，如果是已婚者，夫妻双方各备一卡一存折，各自进行。

这个实验的第一目标是只用平时支出的90%生活一个月。第二目标是尽可能地不要把这笔钱全部花光，而要剩下一部分钱。这样的话，你在消费的时候就会想一想存折上还剩多少。如果还没到半个月，而钱已花掉大半，那么想用剩下的钱坚持到月末就会有困难。于是，你再花钱的时候，就会考虑这是不是必要的支出。如果是的话，可不可以减少或推迟等。

减少开支，则结余增大，就能更好地进行自我投资，从而提高自身的技能，促进收入的增加，进而扩大我们的可投资金融资产。这就形成了一个良性的个人财富循环。

假如用剩下的钱真的坚持到了月末，说明在消费的整个过程中，自我控制的暗示发挥了比想象中还要大的力量。如果用平时支出的90%生活一个月，没有什么太大的困难，说明下一个月可以用更少的钱生活。如果真的很努力了，但钱还是不够用的话，就要对自己宽容一点。这个实验的目的不是为了约束自己，而是要规定一个适当的支出标准，养成每月定额消费的习惯。

很多人听取了我的建议后，尝试着去做。结果，一个月后大部分人都有了结余。有的人对自己的控制能力感到非常惊讶，有的人意识到每个月的开销比自己想象中的多得多。无论怎么样，结论只有一个，那就是这个实验对控制自身的消费行为很有帮助。刚开始时，你可能会有压力，但一旦习惯之后，这种压力感就会慢慢消失了。

适合支出管理的金融产品最重要的特点就是便利性与流动性。便利性是指方便用于多种目的。流动性是指容易变现或提取。例如，银行的储蓄存款或证券公司的 CMA（Cash Management Account，期票管理账户或资产管理账户，是一种在交易对象、存款金额、存款期限、存取款次数等方面没有限制，可以随时自由存取的金融产品，类似于银行的普通存款或储蓄存款。——译者注）等。

我之所以建议你使用借记卡，是因为结算金额能实时体现在存折余额中。这种结算方式比推迟一个月结算的信用卡更有助于形成定额消费的习惯，而且还可以通过打印存折或网上银行确认每笔消费金额发生的时间。

表 2.2　家庭每月支出金额

年　　月　　　支出现状

区分			本人	配偶	小计
公共支出	公共支出	所得税			
		社会保险费			
		医疗保险费			
		劳动保险费			
		其他			
	每月公共支出总计				
固定支出	负债偿还本金	住房贷款偿还利息			
		信用贷款偿还利息			
		其他			
	负债偿还利息总计				
	住房相关支出	租金（房租等）			
		管理费			
		公用费用 （水费、天然气费等）			
		通讯费 （有线、网络等）			
		其他			
	住房相关支出总计				
	子女相关支出	教育费 （补习班、游乐园等）			
		其他			
	子女相关支出总计				
	保障性保险费	保障性保险费			
		其他			
	保障性保险费总计				
	其他固定支出	其他固定支出			
		其他固定支出总计			
	每月固定支出总计				

续表

区分			本人	配偶	小计
变动支出	家庭生活支出	菜钱			
		外出吃饭的钱			
		休闲费			
		服装费			
		医疗费			
		通讯费（手机）			
		子女零花钱			
		车油费			
		交通费			
		其他			
	家庭生活支出总计				
	社会生活支出	社交费			
		零花钱			
		聚餐费			
		红白喜事费用			
		其他			
	社会生活支出总计				
	其他变动支出	其他变动支出			
		其他变动支出总计			
		每月变动支出总计			
		每月总支出（=固定支出总计+变动支出总计）			
季节性支出	每年支出	财产税等			
		汽车税等			
		汽车保险费等			
		过节费			
		其他			
		每月季节性支出总计			

CMA

CMA（Cash Management Account），指期票管理账户或资产管理账户，是一种在交易对象、存款金额、存款期限、存取款次数等方面没有限制，可以随时自由存取的金融产品，类似于银行的普通存款或储蓄存款。

CMA 原本只是综金社（韩国非银行金融机构，部分由大企业集团开办。——译者注)的固有商品,但现在大部分证券公司也都在销售。

根据 CMA 的运营方式可以分为综金型、MMF 型、RP 型等。

综金型 CMA，顾名思义，指的是综金社销售的 CMA，以前接管综金社的几家证券公司也在销售。主要用于投资优秀债券或 CP（Commercial Paper，企业期票）等。

大部分证券公司销售的 CMA 是 MMF 型（Money Market Fund，货币市场基金，可以随时存取，如债券、CP、通知存款、CD 等。——译者注）或 RP 型（Repurchase Agreement，有条件的回购债券,以回购金融公司保有的债券为条件销售的债券。——译者注)。

撑把金钱防护伞：备用资金管理

俗话说“人有旦夕祸福”。世事难料，备用资金管理的目的就是为了防备某一天发生突发事件而急需支出大笔钱。

比如，突然身患重病或发生事故需要支付一大笔医疗费、由于失业等原因暂时没有收入或收入减少、由于其他原因急需一大笔钱等，都是无法预料的事情。要应对这样的情况，就需要预留备用资金。

预留备用资金

据我的顾问经验，很多人对备用资金并没有概念，也从来不预留备用资金。他们要么把钱全部投资到储蓄或基金，要么把钱存放在工资卡里。也许你会问：预留备用资金为什么显得这么重要呢？我们通过下面的案例一起来分析一下原因吧。

金某的零存整取存款刚刚到期，拿到了一笔数目可观的存款。他想用这笔钱投资基金，特来向我咨询。金某每个月拿出一部分钱零存整取，等到期后把钱提取出来转成定期存款和免税长期零存整取（长期住房准备金储蓄）存款、免税年金保险等。看得出来，他是一个非常重视储蓄的人，但也没有预留备用资金。于是，我建议他拿出一部分钱作为备用资金，再把剩下的钱投资到定期存款和股票型基金。金某接受了我的建议。5 个月后，他的父亲在冰面上摔倒了，有脑出血的迹象，伤重住院。幸亏金某保留了备用资金，从而能够及时支付医疗费。

如果当时金某没有预留备用资金，为了准备住院费就要撤回一部分投资。不过。问题并不只是撤回部分投资那么简单。更重要的是，提前提取零存整取存款或定期存款会损失利息；提前中止保险可能连本金都无法收回；在价格下跌时仓促决定卖出股票型基金而错过未来可能的好行情。面对这些状况的时候，**损失利息或本金已不算是大**

预备金并不一定要静静躺在存折里。可以对预备金做一些适当的安排，将一部分储备在流动性高的理财产品中，比如短期定期存款、货币市场基金、T+0 理财产品等。

问题，真正的大问题是打乱了投资计划，把钱用到了与最初的投资目标无关的地方。

我们再想象一下发生暂时性收入减少的情况吧。遇到这种情况，即使收入中断了，但支出不会中断，也不可能突然降低一贯的支出水平。诸如贷款利息、公寓管理费等要照常交，而且各种公共费用，如子女的补习班费、保障性保险费、日常饮食、交通费等都是不得不支出的费用。这时，备用资金就为解决这些暂时性的危机发挥了巨大作用。

除此之外，不得不比平时支出更多钱的情况，如汽车保险费或休假费等季节性支出也可以使用备用资金。

既然备用资金这么重要，那么要预留多少才算合理呢？这个问题的答案因人而异，一般我建议预留月平均支出金额（固定支出 + 变动支出）的 3 倍以上。这样，即使收入立即中断，你也可以按当前的支出水平维持 3 个月以上。还有一个好方法是根据情况预留 6 000 元或 1.8 万元的定额备用资金。

想要确保备用资金，可以从每月储蓄中拿出一部分钱，一点点累积到目标金额；如果目前手上正好有一大笔钱，可以从中拿出一部分钱一次性达到目标。在此，我想建议你在确保备用资金后再尝试其他投资形式。如果你在没有预留备用资金的情况下，已经进行其他投资了，那么也没有必要中止投资，只需要从现在开始，每月累积一点，慢慢积累备用资金就可以了。**如果动用了备用资金，一定要尽快补上支出的部分。**这一点比预留大量备用资金更重要，因为谁都不知道意外什么时候会发生。

聪明的农夫即使确信这一年一定会丰收，也会在水池里蓄水以防干旱。很多人明明知道计划没有变化快，却只关注眼前的急事。**人生具有不确定性，理财的最大敌人也是不确定性，所以时刻要作好准备。**

适合备用资金管理的金融产品所要具备的最重要的特点就是流动性，所以我建议选择可以随时存取，而且损失本金的可能性较低的 MMF（Money Market Fund，货币市场基金，一种短期有价证券投资基金。——译者注）或 CMA。备用资金需要保持一定数量的金额，所以没有多少利息的银行储蓄存款或普通存款并不是很适合；而且，由于不知道什么时候会用到这笔钱，所以像股票型基金这样可能会损失本金的理财产品也不适合。

参加保障性保险

即使预留了备用资金，也要参加保障性保险。保障性保险是指在发生死亡、疾病、伤害等事故的时候，能支付保险金的理财产品，是更广泛意义上的备用资金。针对早期死亡的有终身保险、定期保险等，针对疾病、伤害的保险有癌症保险、疾病保险、医疗保险等。

参加保障性保险的时候，要优先考虑虽然发生概率低，但一旦发生就可能致命的早期死亡。比如具有劳动能力的，可以参加意外、重大疾病（癌症、脑出血、心肌梗塞等）、重大伤害（诱发高度身体障碍的伤害等）等保险产品。因为这样的事情即使一生只发生一两次，也会给你的家庭带来严重的经济冲击。

> 保险有资产配置的功能。通过将人生高收入阶段的资产配置在低保障账户及高储蓄投资账户，从而起到财产保全、延迟消费、降低风险的作用。

相反，像住几天医院、痔疮手术、剖腹产……如果能够投下几千元的保险金，会有利于眼前的经济状况，也能在心灵上得到一点安慰。

几年前，我由于交通事故做了椎间盘手术，在医院住了 1 个多月，但现在一点问题都没有，过得很好。虽然当时很困难，但这件事情对我和我的家人并没有造成太大的影响（因为我参加了汽车保险，所以得到了医疗补偿费）。但如果我在那次事故中去世了或者高度残疾，那么我和我家人的生活将与之前完全不同。所以说，**参加保险的最重要的目的不在于阻止意外事故的发生而在于遇到危机时，能得到最大限度的补偿。**

参加保障性保险需要支付一定的保险费。需要注意的是，要把这种保险当做是遇到意外时能够替你支付所需费用的保证，而不是最后所得的本金和收益。如果你不能接受这一点，就没有必要参加保险，而是把这笔钱投资到其他用途，才是正确的选择。也许有人认为，和物价上涨率相比，10 年、20 年后，60 万伤亡保险金算不上什么，但实际上，保险是为了防备不知道何时或者也许永远也不会发生的事故，而不是防备10年、20年后必然发生的事故。所以，如果你不承认这一点，就不用浪费钱参加保险，应该投资基金，这才是明智的做法。最近为了保持保险金的价值（相对于物价上涨的货币价值），也有人把一部分保险金投资到基金的变额保险，但这并没有改变保险的本质。

保险费的支付短则数年，长则数十年，而且，支付过多的保险费并不能充分储蓄。就像不能因为害怕犯罪天天穿着铠甲过日子一样，为了防备事故支付过多的保险费也不见得是好事。

如果只有本人参加保障性保险，可以用月平均收入的5%~7%购买。即使全家都参加，最高也不要超过 10%（汽车保险费和房屋火灾保险费等除外）。双职工家庭中，如果妻子可能随时辞去工作转为全职主妇，就要根据丈夫的收入调整比例。否则，当双职工家庭变成单职工家庭后，常常会为了支付过多的保险费而感到头疼。

如果你觉得自己参加的保障性保险种类太多，支付的保险费过多，就有必要仔细挑出一部分，解除保险合同或减少保险额。这时，可获得补偿的范围会变小，补偿保险金也会减少，如果是这样，你要能够接受这样的结果。还有，如果身体健康时已中断保险，日后当患上特殊的疾病或正在接受治疗时再想重新参加保险的话，会比较困难。所以，在决定中止某种保险之前，有必要听取专家意见后再慎重决定。

参加保障性保险需要如实填写申购书中的内容，即履行“合同前告知义务”，主要是如实告知过去或现在的病史。

这并不是说有病史就不能参加保险。如果不是像癌症这种严重的病，而且已经痊愈，就不会影响参加保险。但是根据具体情况，保险公司会要求你到接受过治疗的医院取回病历记录或到保险公司指定的医院体检。而且还会附加“对过去病史的复发或因过去病史而发生的事故保险公司不承担责任”等条件。站在你的立场看，这并不是一件令人愉快的事情，但是经过这种比较烦琐的程序后，就能够消除因隐瞒病史参保而引起纠纷的后患。要知道，一半左右的保险纠纷都和这一点有关。

生活中不确定性波动带来的财务冲击会严重影响生活品质。而保险是种财务补偿制度，是一种风险管理手段。通过保险规划，可以削弱这种不确定性的冲击。

如果经过这些程序后，保险公司拒绝参保，也不要气馁，因为这可能是一件好事。反正最终也无法得到补偿，就没有必要白白支付保险费。如果你所从事的工作或感兴趣的活动具有一定的危险性，就有必要在合同书上如实填写。如果不愿意参加保障性保险或遭到保险公司拒绝，就需要预留更充分的备用资金，以防万一。

我们从电视、报纸中会看到状告保险公司的霸道行为或恶意骗保的新闻，这时很多人就会动摇，开始思考是否要解除保险合同。这并不奇怪，因为我们从来没有在电视中看到过某个家庭因为有丈夫留下的死亡保险金让妻子和子女重燃希望，坚强地生活的案例。或某人被确诊为致命的疾病后因为有保险金而能够克服危机。其实，在现实生活中，这种事情非常多。如果有人劝你不要参加保险或鼓励你解除保险合同，那你一定要认清这个人。要知道，如果有一天你发生了意外，他是不会对你和你的家人伸出援手的。

如果你是一家之主，我建议你一定要参加终身保险或定期保险。

子女教育金与再教育费用是最没有时间弹性和数目弹性的理财目标，因此更要预先规划，才不会留下因力有不逮而让子女放弃继续深造的遗憾。

如果你已经参加了这种保险，就一定要坚持到成为富翁，或子女成人后走入社会的那一天。这一切其实仅仅是为了家人。也有人说“我死了，就一了百了”，但你有没有认真地想过，你的生命结束的那一瞬间，正是你活着的家人痛苦的开始。妻子要一个人解决生计和子女教育的问题，而这一切都离不开钱。退一万步说，准备葬礼也需要钱。如果生前长期与疾病斗争，也需要一笔庞大的医疗费，而这一切都留给了活着的人。如果你的年薪是 30 万元，你的家人相当于一瞬间失去了至少 600 万元以上的经济价值（把 600 万元按年利率 5% 定期存款，每年能得到 30 万元的税前利息）和用钱无法衡量的无形价值。你试着想象一下，如果有人从你那里抢走了最宝贵的东西和辛苦积攒的全部财产，你会怎么样？你可能会绝望。再试想一下，有人把你从家人手中抢走，你的家人该有多绝望？这种绝望是难以想象的。这时如果有一笔死亡保险金，虽然无法代替你，但至少可以成为妻子和子女的一线希望。

也有人反问，现在人的平均寿命是 100 岁，在子女成人之前死亡的概率会有多少？我们暂且不论早期死亡概率的高低，其实我身边有不少人是在年轻的时候过世的。这些事情我很不愿意提起。

我爷爷是在我父亲读高三的时候过世的，那时我奶奶刚过 40 岁，还留下了 5 个子女。我伯父是在 20 年前因交通事故过世的，留下了 3 个子女，那时伯母 45 岁左右。在我的高中同学中，我知道的就有 3 个人在 20 岁或 30 岁过世了，可能还有我不知道的死亡者。大学的一个学弟刚过 20 岁，就在服役时期因突发事故死亡；还有一个学弟刚过 30 岁，就因脑出血死亡。我刚参加工作遇到的一位前辈快 40 岁时，因癌症过世；还有一位前辈的姐夫在快 40 岁时，因电线高压爆炸事故死亡。在近一年里又有两位同事过世，一位 50 岁左右，因脑出血过世；另一位是在 35 岁左右，因癌症过世。由于工作的缘故，我见的人很多，这类案例至少可以列出 2 页以上，但不想在这里谈论过多。请看看你自己的周围，也可能会有不少令人难过的案例。

“不幸”不会区分好人和坏人、富人和穷人、年轻人和老人。每个人都希望自己是例外，但我建议你还是不要心存侥幸心理。防备这种发生概率虽低却致命的意外就是保险的根本目的。

不仅如此，防备重大疾病或严重伤害也很重要，你不妨参加相关的保险。另外，发生这种事故一般会引起死亡或寿命减短，你可以在参加终身保险或定期保险时，另外作一项特别约定。

对于来咨询保险的人，我一般都是按下面的顺序提供意见的。

一家之主（家庭的主要经济来源）参加防备早期死亡的终身保险或定期保险后，如果有能力可以追加防备疾病或伤害的医疗费保险等。

妻子参加重大疾病保险或医疗保险后，如果有能力可以追加终身保险或定期保险等。

子女参加儿童专用重大疾病保险或医疗费保险等。

对于未婚者，也可按同样的顺序参加。

作为参考，下面简单地介绍一下我家参加保险的情况。我和妻子参加了防备早期死亡的终身保险，其中包括癌症在内的重大疾病和各种手术费及住院费的特别约定。我的女儿参加了儿童专用健康保险和儿童专用医疗保险。

保险商品的分类

保险商品从大的角度可以分为保障性保险和储蓄性保险。

保障性保险是为了防备早期死亡、疾病、伤害等事故的终身保险、变额终身保险、灵活终身（Universal）保险、定期保险、癌症保险、疾病保险、医疗费保险、胎儿保险、儿童医疗保险等。

储蓄性保险是像零存整取存款或基金一样，在未来回收本金和收益的保险，比如储蓄保险、灵活终身保险、年金保险、变额年金保险、变额灵活终身保险等。

从投保人（签约人）的立场上分析，储蓄性保险的保险费一部分作为费用，剩下的部分累积后在解除合同或到期时，和利息一起返还。

保障性保险的主要目的是发生事故时支付保险金，所以保险费中费用所占的比例要比储蓄性保险高很多。因为投保人交纳的保险费比较便宜，所以有的缴纳费全部都用于费用支出。

减去费用后累积下来的保险费投资到基金的保险商品的名称上会加上“变额”的字样，累积下来的保险费可以在不解除合同的前提下提取（中途提取）的保险商品的名称上会加上“Universal”的字样。最近不少的保险商品即使不是灵活终身保险也有提取功能。

终身保险和定期保险

终身保险和定期保险是人寿保险公司的固有商品，它们既有相似的地方，也有区别。这两种保险的目的，都是在投保人死亡时支付保险金。无论死因是什么，都会把约定的死亡保险金支付给投保人的受益者，但在保障期限和保险金额上有很大的差异。

按字面的意思，终身保险的保障期限是终身，所以无论在什么时候肯定会拿到死亡保险金（因为每个人都会死亡）。等年老后可以根据投保人的意愿中止保险，把解约后退回的资金转为年金，这样就可以在有生之年享受年金。而定期保险的保障期限是 10 年或 20 年等投保人签约时所约定的期限，之后不再享受保障。定期保险的保险金大部分用于费用，所以在解除合同或满期时退回的钱很少。

因此，定期保险的负担要比终身保险的负担小，它们之间的差异也很大。例如，一个 35 岁的男人，在签保险合同时，签了 60 万元的死亡保险金，所要交的终身保险金一共是 1 092 元（分 20 年交），20 年满期定期保险金一共是 228 元（分 20 年交）。因此，如果想获得终身保障就参加终身保险，如果并不希望终身保障或者不能负担保险费，就可以根据自己还具有劳动能力的期限或子女成长期，参加 20 年满期或 60 岁满期的定期保险。

定额补偿和损失补偿

想要防备疾病或伤害，可以参加疾病保险或医疗保险。这类的保险根据补偿方式，又可以分为定额补偿和损失补偿。发生事故时，定额补偿保险与实际支出的医疗费无关，只按保险合同约定的金额补偿，损失补偿是按保险合同中约定的金额为最高限额，按实际负担的医疗费补偿全部或一部分。近来损失补偿保险很受欢迎，反应也很好。以前这种保险只有在财产保险公司销售，但现在生命保险公司也获得了可以以终身保险等特约形式销售的许可。

假如重复参加几家保险公司的定额补偿保险，那么发生事故时，可以从这几家保险公司获得补偿，但损失补偿并不是这样。例如，如果同时参加了A生命保险公司和B生命保险公司的定额补偿住院费的保险，如果住院了，从这两家保险公司中都可以得到约定的住院费。但如果同时参加了C损害保险公司和D财产保险公司补偿医疗费的损失补偿保险，就不能重复得到补偿。投保人实际支出的医疗费由两家保险公司分担补偿。因此，重复参加损失补偿保险是浪费保险费。如果重复参加损失补偿保险，但同时签约了定额补偿的癌症特别约定、住院特别约定，那么这两个特别约定的部分将会得到全部补偿。但这样做还不如参加一个损失补偿保险和一个定额补偿保险。

投资和理财并不是一回事。投资关注的是资金回报，其基本特点是牺牲当前的利益以博取未来的收益；而理财则是通过管理财务以实现生活目标，其核心是财富与生活目标之间的平衡。

让钱生子：投资管理

投资管理的目的是长期复利投资积累财富。在这个过程中，最重要的就是**即使收益率很低也要坚持长期复利投资。**

有些人可能不喜欢上面的说法，有些人甚至连10%的年收益率也嫌低：“这么低的收益率，什么时候才能成为富翁？”很多人都被高收益的假象所迷惑，并不知道，要使投资股票或基金的收益率和银行存款利率保持一致，并不如想象中那样容易。

假设把60万元一次性投资股票型基金5年，其中有4年的年收益是10%，另1年的年收益却是−10%，5年后得到19万元的最终收益。这相当于年均复利收益率5.67%，和最近1年定期存款的税后收益率相比，这算不上很高（长期投资时，1% 的复利投资率差异也很重要，这在前面已有说明）。

假如 5 年当中有 3 年的年收益是 10%，剩下 2 年的年收益却是 −10%，5 年后的最终收益不过是 46 860 元。这个收益还不到按最近银行利率连续 5 年反复投资 1 年定期存款所得的收益的一半，是一个非常低的收益率。

表 2.3　一次性投资 60 万元且投资 5 年的情况（1）

（单位：元）

时间	第 1 年	第 2 年	第 3 年	第 4 年	第 5 年	累积收益率（和本金比较）	年均收益率（年复利）
收益率	10.0%	10.0%	10.0%	−10.0%	10.0%	31.77%	5.67%
年末价值	660 000	726 000	798 600	718 740	790 620		

时间	第 1 年	第 2 年	第 3 年	第 4 年	第 5 年	累积收益率（和本金比较）	年均收益率（年复利）
收益率	10.0%	−10.0%	10.0%	−10.0%	10.0%	7.81%	1.52%
年末价值	660 000	594 000	653 400	588 060	646 860		

也许有人会觉得假设的年收益率 10% 太低，并不合理，那我们就假设年收益率为 20%。

从下面的表中可以看到，其结果也没有太大的变化，5 年当中 4 年的年收益是 20%，1 年的年收益是 −20%，最终年收益率是 10% 以上的复利收益率，但如果有 2 年的年收益是 −20%，其结果就会大不一样。

表 2.4　一次性投资 60 万元且投资 5 年的情况（2）

（单位：元）

时间	第 1 年	第 2 年	第 3 年	第 4 年	第 5 年	累积收益率（和本金比较）	年均收益率（年复利）
收益率	20.0%	20.0%	20.0%	−20.0%	20.0%	65.89%	10.65%
年末价值	720 000	864 000	1 036 800	829 440	995 340		

时间	第 1 年	第 2 年	第 3 年	第 4 年	第 5 年	累积收益率（和本金比较）	年均收益率（年复利）
收益率	20.0%	−20.0%	20.0%	−20.0%	20.0%	10.59%	2.03%
年末价值	720 000	576 000	691 200	552 960	663 540		

世界上的任何一个国家都曾发生过股市动荡，股票价格变化幅度大，收益变化幅度也大，这种现象现在也经常发生。韩国的股市也经常动荡，尤其在 20 世纪 90 年代，股票价格变化幅度也很大。很多人都说 2002 年以后，韩国的股市和与从前有本质上的不同。这究竟是不是事实暂且不说，但股票价格不可能一点变化都没有。

因此，你今年投资股票获得 20% 的收益，明年也许可能产生 −20% 以上的损失（如果你知道每年可以保证获得 20% 复利收益率的投资方法，那你很快就能成为世界首富），今年投资中国基金获 50% 的收益，明年也许亏损得更多。这种情况不仅出现在投资股票或基金上，也会发生在其他投资对象上，只不过有一些差异而已。

表 2.5　韩国综合股票价格指数收益率
（年初指数对比年末指数）

年份	1990 年	1991 年	1992 年	1993 年	1994 年	1995 年
收益率	23.5%	−12.2%	11.0%	27.7%	18.6%	−14.1%

年份	1996 年	1997 年	1998 年	1999 年	2000 年	2001 年
收益率	−26.2%	−42.2%	49.5%	82.8%	−50.9%	−37.5%

年份	2002 年	2003 年	2004 年	2005 年	2006 年	2007 年
收益率	−9.5%	29.2%	10.5%	54.0%	4.0%	32.2%

富翁们非常清楚这一点，所以投资前和投资时都非常小心。他们格外注意投资风险，在银行、证券公司、保险公司等各种金融公司进行交易的过程中，非常认真听取多位专家的意见，分析情报。有人说收入少或目前没有多少资产的人，应该选择高风险高收益的攻击性投资，可以加快成为富翁的步伐。尤其是年轻人更应该这样，但在我看来这是相互矛盾的。

“Control your risk and then worry about your return.” 控制你的投资风险，同时关心你的回报。

虽然有少数富翁集中投资特定的资产，或为了持有企业的经营权，而将大部分资产投资股票。但大多数富翁会用较少金额投资到股票或股票型基金，与此同时，会用更多的金额投资到房地产、债券、定期存款、免税年金保险、外汇、黄金等不同的对象上，以分散投资风险。他们的第一投资原则是“不亏损”。那普通人为什么不采取和富翁一样的行为呢？如果拥有的资产很少，不是更应该小心投资吗？富翁们在攻击性投资时，即使亏损也不过是九牛之一毛，但普通人则不一样，如果攻击性投资失败，将会失去全部财产。因此，**普通人的第一投资**

原则更应该是“不亏损”。不亏损的投资并不是指单纯、保本的消极投资行为，而是指能够保持本金价值的投资。这一点和物价上涨率有密切的联系。

假设你在10年前把60万元偷偷地藏在了衣柜里，现在它还在衣柜里，但钱已经贬值了。10年前，用60万元还可以在首尔买一栋小公寓，但现在可能连租一间传贳房都有困难。从长远的角度看，保本的消极投资行为最终会导致亏损（这称之为通货膨胀危险）。所以**要想本金不贬值，至少要以和物价上涨率差不多的收益率不断地复利投资，即你投资后的钱增加的价值至少要和上升的物价持平。**

从2000年至2007年，韩国年均物价上涨率是3%（根据统计厅发布的消费者物价指数上的年均上升率）。因此，在这8年里，即使是在银行定期存款，也是一种不亏损的投资。因为这一时期里，1年定期存款税后收益率高于平均物价上涨率。但银行定期存款高利率时代已成过去，定期存款作为一种投资对象也丧失了不少魅力，但毋庸置疑，它依然是一个不可忽视的投资对象。但是如果只投入不亏损投资，得不到实质的收益，也是个问题。因为保本就是不亏损，本金的价值仅仅与物价上涨持平，勉强可以说保持了0%的收益率。

一般来说，通货膨胀率反映的是财富贬值的程度，利率反映的是财富增值的速度。要想成为富翁，必须获得远远大于通货膨胀率的投资回报率。

钱的价值是交换价值。比如，今天你有6元，可以交换一个面包，于是钱有价值。假设你今天忍住饥饿，投资6元，1年后变成了12元。如果1年后的面包价格依然是6元，你可以买到2个面包，于是钱的价值增长了2倍。但如果面包价格也涨到12元，一年后和现在一样还是只能买一个面包，钱的价值还是一样。即表面上看起来是100%的收益率（名义收益率 =100%），但因为面包价格也上涨了 100%，所以实际上买一个面包后还是没有剩余（实际收益率 =0%），最终实际的投资收益率是 0%。因此，**只有在投资收益率比物价上涨率高时，才算是获得了一定的实际收益率。**

投资者每年的期望投资收益率可以用下面的公式表示：

年期望收益率 =1 年定期存款税后收益率 +a 收益率

定期存款税后收益率是不用承担本金损失等投资风险也可以得到的收益率（无风险收益率），a 收益率是承担本金损失等投资风险的代价（风险补贴或风险补偿率）。因此，只投资定期存款，就是不承担任何风险，不期望 a 收益率；期望得到高 a 收益率的人应该投资高风险的股票型基金等，因为正如人们常说的“高风险高收益”。

假设定期存款的投资风险为“0”,股票型基金的投资风险为“100”。想得到最大的 a 收益率的人应该把钱全部投资股票型基金；想得到中等程度收益率的人应该把一半的钱投资到定期存款，把另一半的钱投资到股票型基金；不想承担任何风险的人，就把钱全部投资到定期存款，也就是 a 收益率为 0。由于投资者所承担的投资风险的程度不同，我们很难预测“1 年定期存款税后收益率 +a 收益率”的年期望收益率。即使是承担同样的投资风险，根据投资者的期望值也会有所不同。

20 世纪七八十年代是韩国高利率时代，所以仅仅在银行进行定期存款或零存整取存款,都可以既保持本金的价值,又可以获得不少收益。因此，没有必要为了得到 a 收益率而承担投资风险。而现在韩国处于低利率时代，很多人都为投资烦恼。如果到了定期存款的收益率低于物价上涨率的超低利率时代，这种烦恼就会越来越多。所以，在低利率时代，即使需要承担一定的投资风险，也应该在银行的定期存款或零存整取存款之外，再寻找其他投资对象。

根据期限、目的，适用于投资管理的金融产品最重要的特点要么是稳定性，要么是高收益性。稳定性是指投资风险低，期望和银行利率同等程度的收益率；高收益性是指投资风险高，但能得到比银行利率更高的收益率。有关这方面的内容我会在第 5 章中进一步介绍。

延伸阅读

理财之道，不外开源节流（《清史稿·英和传》）。古人很早就给了我们理财的智慧。

或许并不是每个人都有“开源”的机会，但是每个人都可以“节流”。在美国，有人做了一项调查，说70%的百万富翁换过鞋底。由此得出结论，减少开支是成为富翁的一种手段。所以，作为普通人的我们，更应该尽可能地减少不必要的开支。

不过，减少开支并不是一件容易的事。我们的身边总会看到许多这样的人：即使衣柜塞满了衣服，每次出去逛街还是会大包小包的回来；即使认为快餐食物没营养又容易让人长胖，还是会三番五次光顾门店；即使知道某些东西可能永远都用不到，还是会不由自主地买回家当摆设。

我们花钱花得太随意，到月末时才惊讶地发现“没买什么”，可实际上钱已经花完了。或许，我们可以试着和朋友逛街不带钱包，吃饭只用现金付账，逛超市只带够买所需物品的钱。

专家导读

每到月末的时候，慧总是会感叹自己的结余为什么会这么少。后来慧开始记账了。到了月底结算的时候，慧惊讶地发现，她每月的支出中有一半是非生活必需品的支出。了解到这一点后，慧开始分析哪些开销是完全不必要的，哪些支出是可以节约的。当下个月再度结算的时候，她发现自己依然有许多不必要的开支。

当生活不再拮据的时候，人们对金钱的态度就显得太随意，总是带着鼓鼓的钱包出门，然后又带着干瘪的钱包回来。很多时候，我们在心里不断告诫自己要节约，可实际上却不能做到。事实上，慧究竟可以将哪笔开销节约下来并不重要，重要的是，她每月的结余是否确实在增加。对于消费上自控能力不是很强的慧来说，她特别需要一个外力推动她完成这个目标，而四本存折理财系统可以起到这个作用。

第3章

向“理财自动化”进军

理财是对自己的财务资源进行适当的管理以实现人生目标的过程。做好理财规划的关键一点是：“明察眼前、预见未来。”因此，要根据自己生活的需求、人生的梦想来安排自己的财务生活。

为你的钱分分类

将钱进行分类，并不是按其面值，而是按其用途。要设计适合你的“理财系统”,首先要划分钱的用途,再根据不同用途准备不同的存折。如果你还不明白，那么想一想家中的用水情况，你就会比较容易理解。

水箱里的水通过不同的管道流入厨房或洗手间。流入厨房的水只用于刷碗和饮用，流入洗手间的水只用于洗漱和冲厕所。表面上看起来都是水，但按各自的用途，在不同的空间各司其职。因此，如果家里只有一个自来水管和一个水龙头就会非常不方便。

我们的月收入就和水箱里的水一样。虽然都是同样的钱，但用途却不一样。所以，只用一本存折管理所有的支出和投资会非常麻烦。如果能够根据钱的用途使用不同的存折管理，就会方便得多。

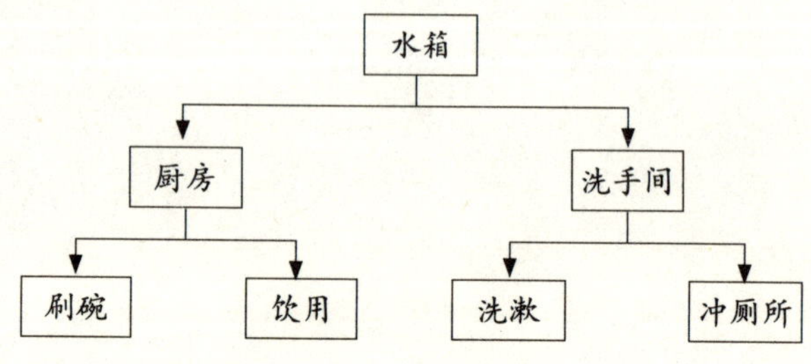

图 3.1 家庭用水情况

现在，我们以第2章中讲述的“理财三部曲”为基础，来划分钱的用途。从大的方面可以分为固定支出、变动支出、备用资金、投资等4个用途。与这4个用途相对应，需要四本存折。有些上班族的公共支出在发工资之前已被扣除，所以这些公共支出不是管理的对象；如果是自由职业者，则可以把公共支出作为固定支出来管理。季节性支出可以和备用资金联系起来。

工资存折：用于领取工资以及固定支出管理

消费存折：用于变动支出管理

备用存折：用于备用资金管理

投资存折：用于投资管理

需要说明一点，这四本存折不用特定的金融产品命名，而是根据每本存折的用途命名。准备好四本存折后，再开通网上银行。如果你投资股票、基金或债券，相关的金融机构会给你一本存折，但这还不是我所说的“存折”，我这里所讲的“存折”是可以自由存取的存折。

理财也可自动化：“四本存折”系统

其实，理财的原理很简单。每月你只需把工资存入工资存折后，到月末（或特定的某一日）之前自动缴付各种固定支出，再把一定的金额作为下个月的生活费（变动支出）自动转账到消费存折，剩下的钱全部转账到投资存折。这样就可以非常清楚地掌握每个月赚了多少，支出多少，储蓄了多少。存入投资存折的钱，要先确保备用资金，再投资各种金融产品。这就是理财系统的基本形态。

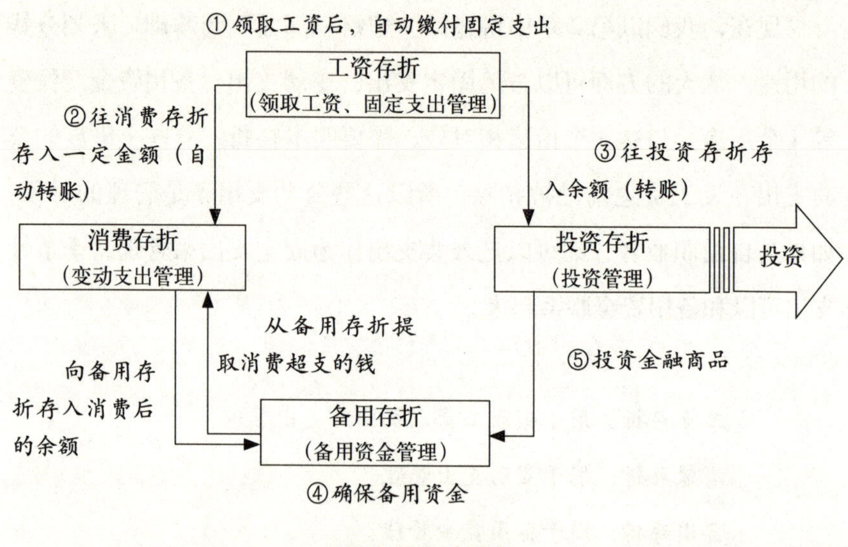

图 3.2 理财系统

来向我咨询的人，大部分都是从工资存折或一两本存折中，自动转账支付所有的支出或投资金融产品，根据钱的用途理财的人极少。因此，除了记家庭账本或定期亲自计算的人以外，大多数人并不清楚自己每个月通过什么途径支出了多少，储蓄了多少。如果继续这样下去，不仅不可能成为富翁，可能连自己的钱都保不住。

试想一下，如果一个企业的 CEO 不知道每个月赚了多少（卖出），支出了多少（费用），最终剩下多少（利润），会怎么样？答案很明显，就是这个企业会很快倒闭。我们每个人都是经营自己家庭的 CEO 或会计。采用自己觉得方便的方法理财，比四处打听高收益率的基金带来的收益更多。哪怕是多储蓄 1 元，也可给家庭带来超过 1 元的收益。假设通过合理地理财，一年内你多储蓄了 3 000 元。可别小看这笔钱，它相当于按目前的利率投资 6 万元才可获得的收益。

为了得到追加收益，积攒 6 万元容易，还是积攒 3 000 元容易呢？问问放学回家的小学生吧，他们也能告诉你正确的答案。

自由职业者每月也给自己发工资吧

自由职业者的月收入经常是不固定的。如果所销售的产品季节性强，在特定季节或特定时期比较畅销或滞销，这种现象就会更加明显。因此，自由职业者不像领取固定工资的上班族，想要建立适合自己的理财系统并实行长期的理财计划是有一定困难的。如果要解决这个问题，最简单的方法就是给自己发固定工资，再养成根据固定工资消费、储蓄的习惯。为此，要明确划分事业用资金和家庭用资金，每月给自己支付工资并把工资自动转到工资存折。一年后，如果事业有所成就，那么下一年就给自己涨工资；如果事业进展不顺利，就给自己减工资。通过这种方式，也可以利用四本存折的原理进行理财。

第一本存折：工资存折

工资存折是领取工资及管理固定支出的存折。所谓“固定支出”，包括自动缴付贷款、利息、公寓管理费、各种公共费用、子女补习费、保障性保险等。你可以把所有自动缴付日期设置为发薪日到月末之间的某一天，当所有的缴付结束后，第二天自动转账一定的金额到消费存折。

信用卡也是一种理财工具，它可以用于日常的开支或者紧急情况的支付，增强我们资金的流动性。但是如果你对于结算日、还款日等没有概念，那么它或许并不适合你。

上面的操作结束后，工资存折就不需要再支出钱了，剩下的钱作为这一个月的可存金额，全部转到投资存折。从这时起，一直到下一个发薪日期之前，工资存折的余额都为零。

从发薪日起，已自动缴付所有固定支出，生活费用也已经自动转账到消费存折，所以月末只要确认最终余额，再把剩下的钱全部转到投资存折，就不用再费心管理工资存折了。补打存折或在网上银行查看交易明细时，由于有每月的交易明细，无论何时都可以一眼看出固定支出明细和支出金额的变动情况。

你也可以把信用卡的提取账号指定为工资存折，但尽可能不要使用信用卡，或只将其用于较固定的通讯费用或大众交通费用的结算，而其他的消费（变动支出）则使用关联借记卡的消费存折。

适用于工资存折的金融产品要具有可以随时存取和自动缴付的功能。因此，银行的储蓄存款或证券公司的CMA比较适合。

表3.1　工资存折交易明细（通过补打存折或网上银行确认）

10月份交易明细（单位：元）

10月份的可存金额

交易日期	交易明细	存入	支出	余额	说明
11-02	现金转账		5 460	0	把余额全部转到投资存折
11-01	现金转账		4 200	5 460	自动转到消费存折的生活费
10-31	健康生命保险		900	9 660	自动缴付本人的保障性保险费
10-31	健康生命保险		600	10 560	自动缴付配偶的保障性保险费
10-31	健康生命保险		300	11 160	自动缴付子女的保障性保险费
10-30	幸福公寓		900	11 460	自动缴付公寓管理费
10-30	天然气费		60	12 360	自动缴付各种公用费用及通讯费
10-30	水费		120	12 420	
10-30	上网费		180	12 540	

续表

10-27	AB卡		180	12 720	结算信用卡（自动缴付手机费）
10-25	健康儿童之家		2 100	12 900	自动缴付子女补习班费
10-23	住房贷款		3 000	15 000	自动缴付住房贷款偿还利息
10-20	诚实股份公司工资	18 000		18 000	存入工资

11月份的可存金额

11月份交易明细（单位：元）

交易日期	交易明细	存入	支出	余额	说明
12-02	现金转账		8 460	0	把余额全部转到投资存折
12-01	现金转账		4 200	8 460	自动转到消费存折的生活费
11-31	健康生命保险		900	12 660	自动缴付本人的保障性保险费
11-31	健康生命保险		600	13 560	自动缴付配偶的保障性保险费
11-31	健康生命保险		300	14 160	自动缴付子女的保障性保险费
11-30	幸福公寓		900	14 460	自动缴付公寓管理费
11-30	天然气费		60	15 360	自动缴付各种公用费用及通讯费
11-30	水费		120	15 420	
11-30	上网费		180	15 540	
11-27	AB卡		180	15 720	结算信用卡（自动缴付手机费）
11-25	健康儿童之家		2 100	15 900	自动缴付子女补习班费
11-23	住房贷款		3 000	18 000	自动缴付住房贷款偿还利息
11-20	诚实股份公司工资	21 000		21 000	存入工资＋奖金

第二本存折：消费存折

消费存折是管理变动支出即每月所需的生活费用，用途不同，支出的金额会有一定变动。存入这个存折的钱主要用于支付日常饮食、交通费、休闲费等。

变动支出是维持生活的必要支出，因此，无论再怎么节约，所能减少的支出金额也是非常有限的。所以，在进行变动支出管理时，养成每月定额消费的习惯就显得至关重要。**如果包括固定支出在内的所有支出都可以保持在无变动的水平，那么，对订立和实行投资计划将是非常有利的。**

假如你每月固定收入是 9 000 元，如果你每月支出能够保持在 6 000 元以内，那你每个月就可以储蓄 3 000 元左右。因此，想要投资零存整取存款积攒 6 万元的本钱，至少需要 20 个月左右。如果每个季度有奖金，达到这个目标的时间可以缩短到 15~18 个月。但是如果不清楚每个月支出了多少，而且支出的金额又经常变动，就很难建立这样的投资计划。这就好比我们走在大雾中，即使只能看到一点模模糊糊的灯光，也比漫无目的地乱走好。

规定一个月所需要的大概支出金额后，每月从工资存折自动转账到消费存折，尽可能地把每个月的生活费控制在这笔钱的范围内。

日常消费尽量不要使用信用卡，而使用关联消费存折的借记卡或现金。从管理支出的角度来说，使用可以实时支出、实时确认交易明细的借记卡更方便管理。

到下一次自动转生活费之前，如果消费存折中还有余额，就把余额全部转到备用存折里作为备用资金。在实际生活中，有时不得不比平时多支出一些钱缴付财产税、汽车保险费或休假费等。不够的部分就可以从备用存折中支出，备用资金不仅可以用来防备非常时期，也可以解决这类问题。

如果用规定的生活费难以生活一个月而经常性地支出备用资金，就有必要增加生活费金额。**我们给自己规定一个月的生活费限度是为了更好地理财，不是为了训练极限。**

通过补打存折或网上银行查看交易明细，可以确认每个月的借记卡使用明细和取款明细，其效果如同记账。因此，如果支出超过了预算，只要查对一下交易明细，就可以很轻松地了解原因。

适用于消费存折的金融产品要具有可以存取的功能。因此，关联借记卡的银行储蓄存款或证券公司的 CMA 比较适合。

表 3.2　消费存折的交易明细（通过补打存折或网上银行确认）

10 月份消费后的余额

10 月交易明细（单位：元）

交易日期	交易明细	存入	支出	余额	说明
11-02	现金转账		600	4 200	把上个月的余额转到备用存折
11-01	现金转账	4 200		4 800	从工资存折自动转账存入
10-28	ATM 取款		300	600	提取现金
10-25	Mani Mart		600	900	使用借记卡
10-17	ATM 取款		300	1 500	提取现金
10-12	华丽百货公司		600	1 800	使用借记卡
10-30	Happy Pizza		120	2 400	使用借记卡
10-10	Mani Mart		300	2 520	使用借记卡
10-9	ATM 取款		300	2 820	提取现金
10-9	肠内科		180	3 120	使用借记卡
10-7	猪肉饭店		300	3 300	使用借记卡
10-5	Mani Mart		600	3 600	使用借记卡
10-1	现金转账	4 200		4 200	从工资存折自动转账存入

11月交易明细（单位：元）

交易日期	交易明细	存入	支出	余额	说明
12-02	现金转账		300	4 200	把上个月的余额转到备用存折
12-01	现金转账	4 200		4 500	从工资存折自动转账存入
10-25	ATM 取款		300	300	提取现金
11-25	Mani Mart		600	600	使用借记卡
11-21	ATM 取款		300	1 200	提取现金
11-17	华丽百货公司		1 200	1 500	使用借记卡
11-15	Happy Pizza		180	2 700	使用借记卡
11-12	Mani Mart		300	2 880	使用借记卡
11-10	ATM 取款		300	3 180	提取现金
11-05	Mani Mart		600	3 480	使用借记卡
11-03	猪肉饭店		120	4 080	使用借记卡
11-02	现金转账		600	4 200	把上个月的余额转到备用存折
11-01	现金转账	4 200		4 800	从工资存折自动转账存入

第三本存折：备用存折

备用存折是管理备用资金的存折，平时存入充分的备用资金，只用于特殊情况。特殊情况是指发生意想不到的事情而需要支出一笔高额费用，或用于缴付财产税、汽车保险费、支出休假费或过节费等季节性支出。除此之外，如果生活费超过了预算，消费存折中的余额不足时也可以暂时周转。

备用资金最好保持在月平均支出金额（固定支出＋变动支出）的3倍以上。如果很难做到这一点，也要确保有一定金额的资金。在投资之前，要先确保留有备用资金，如果支出了备用资金，要及时补充。

适用于备用资金的金融产品要具有可以随时存取的功能。因此，即使存一天也会有利息的MMF或CMA比较适合。

第四本存折：投资存折

投资存折是管理投资的存折。用于投资的零存整取存款、基金、变额年金保险（变额年金保险为年金与变额保险特性相结合之商品，保单的现金价值以及年金给付额度都随着投资绩效好坏而变动。——译者注）等金融产品都可以自动转账，因此，把所有金融产品的自动转账日期设置为同一天或相近的日期，会比较方便管理。

从工资存折中自动缴付各种固定支出和生活费之后，把剩下的钱全部转到投资存折。这些最好在各种金融产品的自动转账日期之前操作。如果变额年金保险等储蓄性保险缴纳少于两次就会失效，所以要留意保险费是否延滞。如果不放心这一点，储蓄性保险的保险费可以从管理固定支出的存折中自动转账。

从投资存折中自动转账支付各种投资产品后，把剩下的钱全部转到备用存折。备用存折中的钱除了备用资金以外，如果已积攒了一大笔钱时，就可以投资到定期存款或基金等。

通过补打存折或网上银行查看交易明细时，因为每个月都是重复的交易明细，所以很容易确认某种金融产品投资了多少。

适用于投资存折的金融产品要具有能够自由向其他金融产品自动转账（或金融产品交易）的功能，因此，银行的储蓄存款或证券公司的CMA比较适合。

表 3.3　投资存折的交易明细（补打存折或通过网上银行确认）

11 月份交易明细（单位：元）

交易日期	交易明细	存入	支出	余额	说明
11-11	现金转账		660	0	把余额全部转到备用存折
11-10	零存整取存款		1 800	660	自动转账存入
11-10	“富翁梦想”追加式基金		1 200	2 460	自动转账存入
11-10	长期住房储蓄		600	3 660	自动转账存入
11-10	长寿变额年金保险		1 200	4 260	自动转账存入
11-02	现金转账	5 460		5 460	从工资存折自动转账存入

12 月份交易明细（单位：元）

交易日期	交易明细	存入	支出	余额	说明
12-11	现金转账		3 660	0	把余额全部转到备用存折
12-10	零存整取存款		1 800	3 660	自动转账存入
12-10	“富翁梦想”追加式基金		1 200	5 460	自动转账存入
12-10	长期住房储蓄		600	6 660	自动转账存入
12-10	长寿变额年金保险		1 200	7 260	自动转账存入
12-02	现金转账	8 460		8 460	从工资存折自动转账存入

到此为止，所讲的内容都是有关理财系统的基本构造和四本存折的应用方法。希望你参考上述内容，设计出符合自己实际情况的理财系统。

如果你的家庭是双职工，夫妻双方可以各自准备四本存折，或者共用除了工资存折以外的其他存折。如果是单职工，工资存折、投资存折、备用存折就用丈夫的存折管理，消费存折分为丈夫的消费存折和负责生活的妻子的专用存折。如果是未婚，就按上面的基本结构设计理财系统就可以了。

我的工资存折和消费存折用银行的储蓄存款，备用存折用MMF，投资存折是银行的储蓄存款和证券公司的CMA。

如果你按上面所说的，重新设计了自己的理财系统后，可能会遇到一些麻烦，尤其是刚开始的几个月，可能还会出现操作失误。但我向你保证，用不了多久，你就会发现这是一个非常便利的理财系统。

希望你参照下面的顺序，设计出属于自己的理财系统。在此，主要是以银行交易的情况为例，如果还和证券公司交易，就可以适当利用CMA等。

首先，选择一家银行办理四本存折：

开一个储蓄存款账户作为工资存折（如果是上班族，人人都会有一个账户，所以没有必要特地开户）。

开一个储蓄存款账户作为消费存折，关联借记卡。

开一个储蓄存款账户作为投资存折。

开一个MMF账户作为备用存折。

为了便于管理和操作，把所有的账户通过网上银行关联起来。

然后，设置工资存折：

所有固定支出的自动缴付账户设定（或变更）为工资存折，自动缴付日期设定为发薪日与月末之间的某一天。一般通过电话或网络很容易变更各种公共费用和保障性保险费等自动缴付业务，但也有一些必须亲自到银行或相应机构办理。

为了便于每月将一定金额自动转到消费存折，可以将工资存折与消费存折建立关联，自动转账日指定为所有固定缴付结束之后的第二天（或特定的某一天）。

自动转一定金额到消费存折后，把工资存折的所有余额转到投资存折，直到下一个发薪日之前使工资存折的余额为0元。

设置投资存折：

把所有金融产品（保障性保险费除外）的自动转账账户指定为投资存折，自动转账日指定为同一天或相近的日子。

金融产品的自动转账全部结束后，将投资存折的最终余额转到备用存折，使投资存折的余额为0元。

通过这种方法理财，需要做的只是在确认工资存折的最终余额后往投资存折转账（如果一定要用时间表示的话，也就花大概5分钟的时间）及从投资存折往各种金融产品自动转账后确认最终余额，再向备用存折转账（也是5分钟的时间）。每个存折的交易明细都是按顺序整理好的，所以查看并确认支出明细和投资明细非常方便。如果不用网上银行，一个月去一两次银行或附近的自动终端机转账后，再补打存折确认也可以。

常翻翻你的“四本存折”

每年至少检查一两次理财情况，其最重要的目的是确认收入中存了多少钱，和上一年比起来增加了多少净资产。确认后如果觉得未能

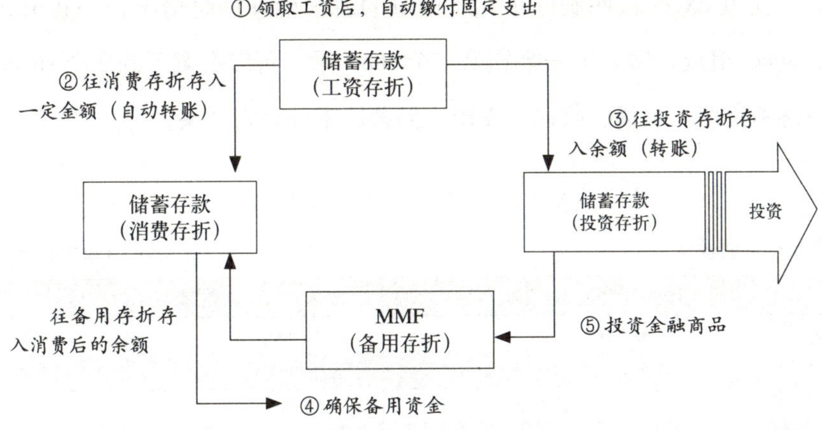

图 3.3　适合四本存折的金融商品

充分储蓄，就有必要分析原因，努力改善。一般不能充分储蓄的原因是因为超支消费。

当然，收入非常少或需要扶养的家人太多，或扶养的家人当中有严重的慢性疾病患者或残疾人而需要支出很多医疗费时，情况就有些不同。对于这种情况，除了解决根本问题、增加收入及接受政府或公益团体等的帮助之外，没有其他更好的办法。

但是如果是由于超支消费而不能充分储蓄，那么减少支出才能增加储蓄额。如果节制消费依然还不能充分储蓄，就要察看一下，在固定支出中的子女教育费、保障性保险费、贷款偿还利息等是否超支。不过，这些并不是可以节约的。

其实，应该把收入的多少用于储蓄并没有统一的标准，而要根据自己的条件制订。这是个人的目标也是自我控制的结果。每个人的生活方式都不同，所以每个人能够储蓄的最大数额也只有自己最清楚。但是，有时也很难判断个人的金融投资情况和收支情况是否存在问题。这时，就非常有必要咨询金融公司的专家顾问，或许可以得到一些好主意。

我用 Excel 软件制作了几张简单的表来检查理财情况，一共由 5 个 sheet 组成，输入第一个和第二个 sheet 后，可以在剩下的 3 个 sheet 中得到资产、负债、收入、支出、储蓄比率等分析结果。

表 3.4　输入资产和负债情况

资产和负债现状　　（单位：元）

区分			本人	配偶	合计
资产	金融资产	备用资金	30 000	—	30 000
		投资资金（债券型）	60 000	—	60 000
		投资资金（股票型）	60 000	—	60 000
				金融资产 合计	150 000
	房地产	居住目的房地产（含传贳金）	1 800 000	—	1 800 000
		投资目的房地产	—	—	—
					1 800 000
	其他	其他资产	30 000	房地产 合计	30 000
				其他资产 合计	30 000
资产 合计					1 980 000
负债	负债	住房贷款	300 000	—	300 000
		信用贷款	—	—	—
		其他负债	—	—	—
				负债 合计	300 000
净资产合计（= 资产合计 — 负债合计）					1 680 000

表 3.5　输入收入和支出情况

收入和支出现状（月）　　（单位：元）

区分			本人	配偶	合计
收入	税前收入	工资（或月平均收入）	18 000	18 000	36 000
		工资以外收入	—	—	—
				收入合计	36 000
公共支出	公共支出	所得税	600	600	1 200
		国民年金保险费	600	600	1 200
		医疗保险费	600	600	1 200
		劳动保险费	60	60	120
		其他	—	—	—
				公共支出合计	3 720

续表

区分		本人	配偶	合计
实际收入合计（=收入合计—公共支出合计）				32 280
负债偿还本息	住房贷款偿还本息	3 000	—	3 000
	信用贷款偿还本息	1 200	—	1 200
	其他负债偿还本息	600	—	600
	负债偿还本息合计			4 800
住房相关支出	租赁费（月租等）	3 000	—	3 000
	住房管理费	1 200	—	1 200
	公用费用（水费、天然气费等）	300	—	300
	通信费（有线、网络等）	300	—	300

表 3.6　资产和负债情况分析结果

（单位：元）

资产·负债现状表			
资产		负债	
备用资金	30 000	住房贷款	30 000
投资资金	120 000	信用贷款	—
房地产	1 800 000	其他负债	—
其他资产	30 000		
	1 830 000		
※金融资产：	150 000		
资产合计	1 980 000	负债合计	300 000
净资产（=资产合计—负债合计）			1 680 000

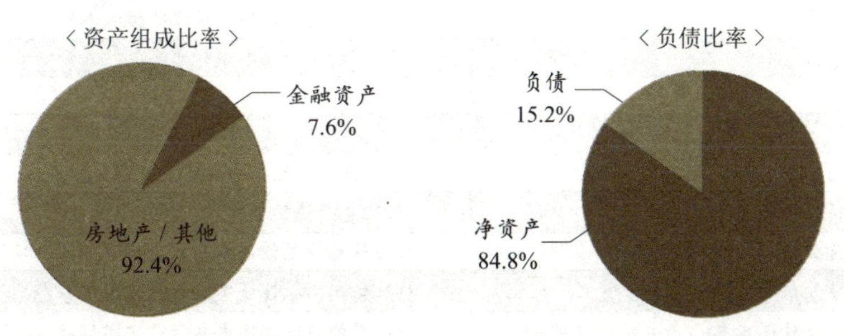

表 3.7 收入和支出情况分析结果

收入・支出现状表

（单位：元）

收入		支出		
本人工资	18 000	储蓄	储蓄	3 480
配偶工资	18 000	公共支出	公共支出	3 720
工资以外收入	—	固定支出	负债偿还本息	4 800
			住房相关支出	36 000
			子女相关支出	3 000
			保障性保险费	2 400
			其他固定支出	—
		变动支出	家庭生活支出	11 100
			社会生活支出	3 300
※实际收入	32 280		其他变动支出	600
收入合计	36 000	储蓄和支出合计		36 000

* 季节性支出 8 400

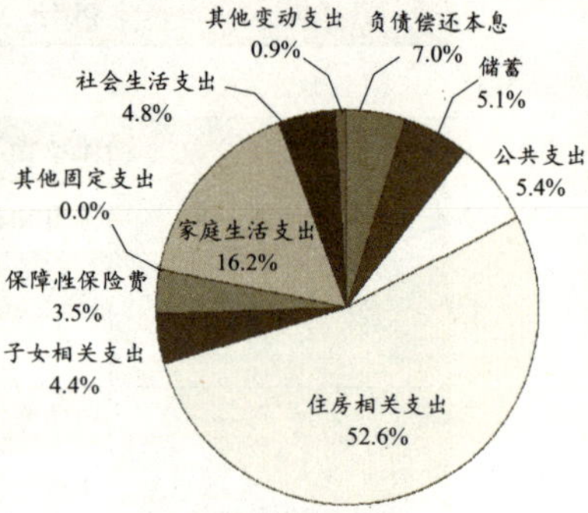

其他变动支出 0.9%
负债偿还本息 7.0%
储蓄 5.1%
社会生活支出 4.8%
公共支出 5.4%
其他固定支出 0.0%
家庭生活支出 16.2%
保障性保险费 3.5%
子女相关支出 4.4%
住房相关支出 52.6%

〈储蓄和支出组成比率〉

收入		储蓄和支出	
本人工资	18 000	储蓄	3 480
配偶工资	18 000	公共支出	3 720
工资以外收入	—	固定支出	13 800
		变动支出	15 000

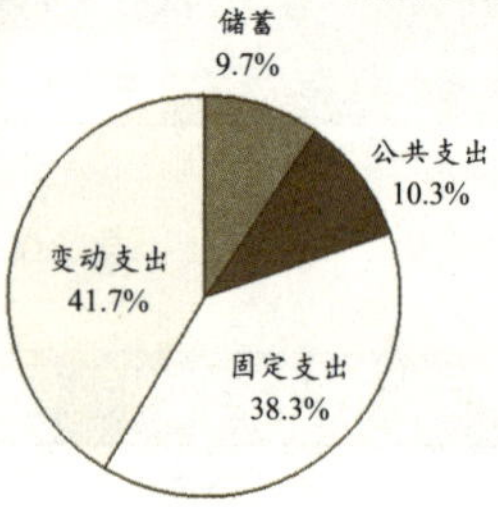

储蓄 9.7%
公共支出 10.3%
变动支出 41.7%
固定支出 38.3%

〈储蓄和支出组成比率〉

表 3.8 储蓄比率分析结果

备用资金比率		
区分	比率	参考
备用资金	1.04%	备用资金倍数（对比固定支出 + 变动支出）
保障性保险费	7.4%	保障性保险费支出比率（对比实际收入）
储蓄和支出比率		
区分	比率	参考
储蓄	10.8%	储蓄比率（对比实际收入）
固定支出	42.8%	固定支出比率（对比实际收入）
变动支出	46.5%	变动支出比率（对比实际收入）
负债比率		
区分	比率	参考
总负债	15.2%	总负债比率（对比资产合计）
总负债偿还本息	14.9%	对比总负债偿还本息（对比实际收入）
住房贷款偿还本息	9.3%	对比住房贷款偿还本息（对比实际收入）
信用贷款偿还本息	3.7%	对比信用贷款偿还本息（对比实际收入）
其他负债偿还本息	1.9%	对比其他负债偿还本息（对比实际收入）

* 实际收入：除去所得税、国民年金保险费等公共支出后的实际收入

延伸阅读

小愉是个时尚漂亮的女孩。有一次，我们一起聊天，当她说到她是“月光族”的时候，我很诧异，因为我知道她有一份不错的工作，每个月可以给她带来 8 000 元的收入。后来小愉告诉我，她每个月的收入有不少是贡献给星巴克的，因为她非常喜欢喝咖啡。这确实是一笔不小的开销。但是我知道，即使现在小愉的工资涨到了 10 000 元，她月末依然不会有结余。

我们常常使用的公式是：当期收入 － 当期支出 = 未来支出，但是像小愉这样的人，如果套用这个公式，那最后的结余只会是 0。我们可以换种思考方式，用公式“当期收入－未来支出 = 当期支出”来强迫自己存钱，比如先还房贷，再通过按期缴保险、基金定投等方式扣除投资资金，剩下的再作为自己日常固定的生活支出。所以我认为，本章的理财系统也可以通过逆向的方式来运行。

专家导读

最近，我的一位学员到处筹钱准备在深圳买房，这让我有些奇怪。因为不久前，我刚刚同他一起算过一笔账：按照他目前的情况，租房比买房要划算。当再次见到他的时候，我问他决定买房的原因。他说，“毛老师，您给我算的账我觉得都对。虽然账是这么算的，可是没个房我这心里不踏实啊！”

当他这样说的时候，我也很理解。中国人是最讲究“情理”的，并且这个“情”字排在“理”字的前面。房子对于我们来说，不仅仅只是一种投资商品，还承载着更多的精神上的需求。它是一个安身立命之所，是社会地位、身份的外在象征，是一种安全、一种保障的代名词。对于如何买房，在这一章中，作者介绍了不少富于实践性的方法和技巧。

第4章 把“别人的钱”变为“自己的钱”

“有钱人都是有负债的人。”在这个金融市场发达的社会，只“吃着自己碗里的”已不是最好的安身立命之道了，当适当的机会出现时，我们还可以“借点别人锅里的”。

“资产”并非都是好东西

资产就是“我自己的钱”。因为是“我的”所以可以随意使用，可以借给别人、出售或与他人交换。是以现金、存款还是以基金、保险、股票、房地产等状态拥有这些资产也都“随我便”。拥有很多资产的人，我们称之为“富翁”。因此，要想成为富翁，增加资产也就是理所应当然的了。

只有主人关心资产，用心管理，资产才会自增值而且产生收益。就像苹果树那样，如果主人一直用心照顾它，它就会用果实来报答主人。但是如果不用心管理，资产不但不会增多，甚至还会减少。

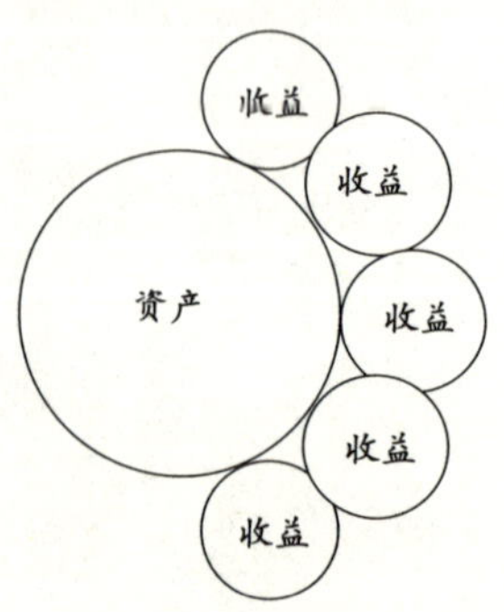

图 4.1　资产产生收益

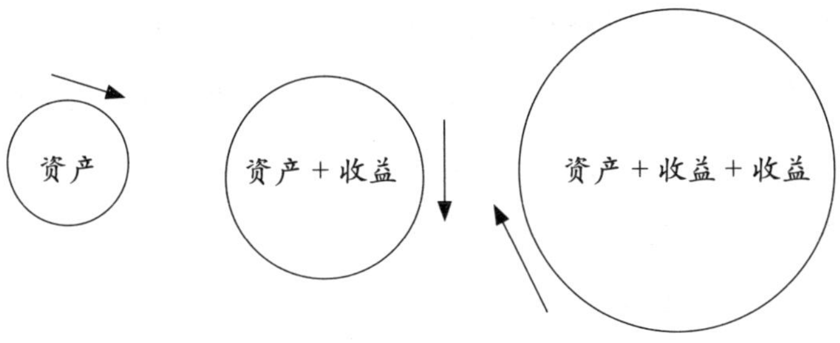

图 4.2　资产自增值

根据是否可以产生收益，资产分为优良资产和不良资产。优良资产是指可以产生收益的资产。比如投资风险小收益也小的定期存款、投资风险大收益也大的股票型基金以及类似房地产那样，既能够直接使用又能够产生收益的资产都属于优良资产。

相反，不良资产是指不能产生收益的资产。比如汽车，不仅不能产生收益，其价值反而会不断减少。

也许有人会不同意单纯地因为汽车不能产生收益所以被划分为不良资产。这类资产虽然可以产生便利性等生活价值，但这些价值却无法用金钱衡量。我自己也曾住过传贳房，也拥有汽车，对这一点非常清楚。特别是汽车，是我处理业务时非常重要的工具，但这种重要性却不能用金钱衡量。所以，不能产生收益的资产越多，资产的无收益期限越长，就越不利于资产的增长。

管理好优良资产，不仅可以产生收益，还可以自增值，但不良资产则相反。因此，如果你想更快地增加资产，就要尽可能地拥有更多优良资产。

也许有人认为只要是“我的”都会是优良的，怎么会有不良资产呢？我所说的“不良的”，并不是指“无用”，而是指“不能产生收益”。比起“拥有很多的资产”，更重要的是“拥有产生收益的资产”。因为拥有的不良资产越多，就越妨碍资产增长。

假设你支出 60 万元传贯金住在公寓。正如我在前面所讲的那样，公寓传贯金不能产生收益，变成了不良资产。如果把传贯金 60 万元按年利率 4%（税后）定期存款一年，就可以得到 2.4 万元的收益（利息）。如果以同样的收益率每年复利投资，2 年后是 48 960 元，4 年后是 101 880 元，10 年后就会得到 288 120 元。但是，你把 60 万元以传贯金的状态持有，就相当于抛弃了这么多的收益。这和每年把 2.4 万元丢到垃圾桶没什么分别。总之，传贯金对资产增长没有任何帮助。当然，你也可以认为传贯房公寓给你和家人提供的方便超过了其价值。但是这种**无形的价值，不会直接增加你的有形资产。增加资产的只有产生收益的追加式储蓄和优良资产**。

负债是解决财务问题的一种方式。如果债务管理不善，很有可能因为资金周转不灵而不得不变卖具有长期创富潜力的优质资产，最后反而陷入困难被动的局面。

如果你已经认识到了这一点，并为不知如何解决这个问题而烦恼，那么你可以采取我下面介绍的方法：

同样是公寓，但搬到比现在住房面积小一点的公寓，或搬到附近的一般住房，减少传贯金，剩下的钱就以定期存款或基金等优良资产的状态持有。相信我，这对增加资产肯定有帮助。如果传贯金来自于贷款，就偿还全部或一部分的贷款，减少每月需要支付的利息，也就可以多储蓄一点，这也有助于增加资产。由于你作出了这样的选择，可能会使你目前的生活有些不方便，却能加快拥有自己房子的速度。

持有资产的时候要考虑收益，因为收益意味着资产增长速度的快慢。你现在所作的一个小小决定，可能会对未来的结果产生很大的影响。当然，不可能把所有的资产都以优良资产的状态持有。但如果不产生收益的资产比重太大，就表示作为资产主人的你并没有起到主人的作用。**如果想要成为一个富翁，就要为多持有优良资产而努力。**

“负债”也能为你生钱

用一句话概括负债就是“借来的钱”。因为是“别人的”，所以要在约定的期限内全部还给别人。而且和资产产生收益相反，负债会产生费用。即要支付使用“别人的东西”的代价（利息）和手续费等，所以叫做“负债费用”。

如果不能在约定的期限内还清负债或按时支付利息，负债也会以非常快的速度增长。这时，要还给别人的钱就会比实际借用的钱更多，或被债主强迫夺走资产。情况严重时，甚至还会因为负债还要抵押未来的收入。

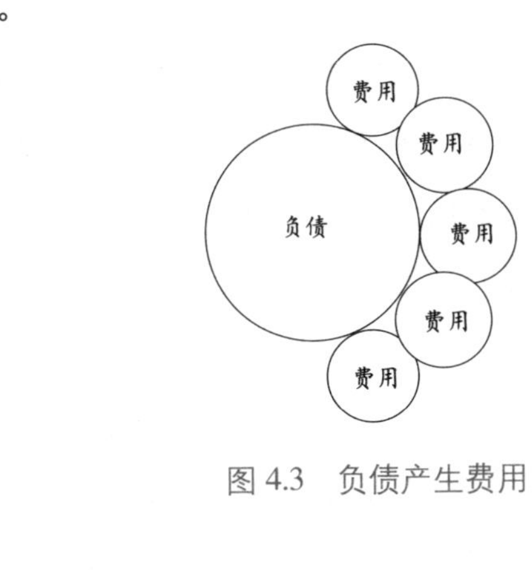

图 4.3　负债产生费用

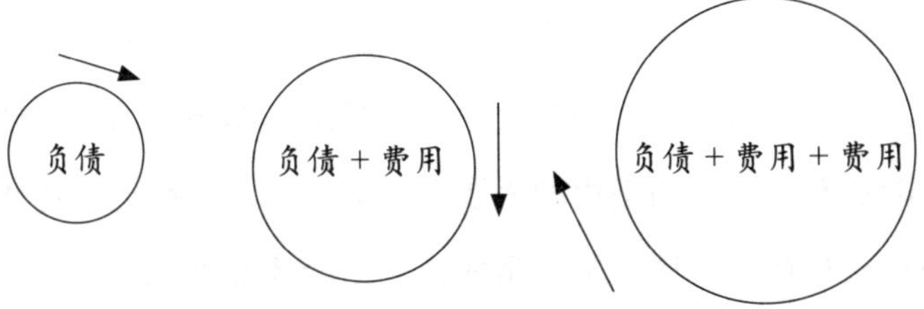

图 4.4　负债可能飞速增长

根据使用的目的，负债可以分为优良负债和不良负债。

优良负债是为了持有优良资产或者该资产产生的收益比负债的费用更大的负债。**优良负债最终会转换为优良资产，如果卖掉该资产无论何时都可以偿还负债。**

例如，为了购买公寓申请住房贷款。因为公寓可以产生价格上升的收益或租赁的收益，所以是优良资产。在这种情况下，住房贷款是为了持有优良资产的优良负债。只要以后实现收益，就可以回收前期向银行支付的所有贷款费用。而且，因为是以公寓的状态保持价值，所以贷款本金也不会消失。因此，只要还清所有的贷款，公寓就会完全属于自己。即使无法在约定的期限内偿还贷款，也可以出售公寓偿还。打个比方说，**住房贷款相当于用水瓢借水倒进水缸后，再用水瓢还借用的水。**类似这样的情况，优良负债就是有助于增加资产的。

很多人会有先买房还是先买车的疑问。汽车和手机、电脑一样，属于消费品，不仅价值会不断减少，而且每个月还要投入保养费、油费等各种费用。而房产是一种固定资产，属于投资品，不仅可以给自己一个安身立命的地方，还能省去你每个月的房租。

相反，不良负债其实是持有不良资产的负债。

例如，为了购买汽车，贷款分期付款。由于从买汽车的那一刻开始，汽车不仅不会产生收益，反而开始减少价值，所以属于不良资产。在这种情况下，分期付款相当于持有不良资产。而且，这项资产并未产生一点收益，所以无法回收支付给金融公司的贷款利息和分期付款手续费。还用上文提到的那个比喻，**贷款买车相当于用水瓢借来水倒进破碎的水缸，为了还借用的水要么重新打水，要么继续借水。**类似贷款买车这种情况，属于不良负债，它不能为你增加资产。如果抵押住房贷款购买了车，也是不良负债。

为了消费而借钱也是不良负债。借来的钱因消费而消失，所以要处理其他资产或赚钱来偿还。负债费用也无法回收，所以也不能增加资产。

向高利贷或信贷公司借的钱，无论用于什么目的，都是不良负债。其原因我就无须再说了。因此，我特别提醒大家：即使是走投无路，也不要轻易到这种地方借钱，即使要借，也要非常非常慎重。

总之，能够增加资产的就是优良负债，除此之外就是不良负债。所以，**如果不是为了持有优良资产，尽可能不要借钱**。即使是优良资产，也可能会贬值或无法产生收益。因此，为了持有优良资产，借钱的时候，要先考虑清楚资产的期望收益和预想的负债费用等再作决定。过多的负债会产生无法承担的负债费用，造成个人不稳定的金融状态，所以要特别注意。

为了持有优良资产而借钱，其目的是投资并获得收益，即“借鸡生蛋”。因此只有投资收益减去负债费用后还会有剩余时，才能够作这样的决定。换句话说，如果投资失败，可能会失去借来的钱或无法产生所期望的投资收益时，最好不要借钱。

例如，很多人借钱投资股票。如果获得高收益，偿还借用的钱后还会有一定的收益。但是如果投资失败，就只剩下还钱的义务，这是一件非常痛苦的事情。因此，只有自己对投资结果非常有信心时，才可以作这样的投资决定。即使非常确信，但也有可能产生和预想不同的结果，所以要时刻小心。

事实上，我认为只有购买以居住为目的的住房时，申请的住房贷款才是唯一的优良负债。如果不是买房，就没有必要借钱投资。即使是买房，如果可以不贷款就不要贷款，这是一个比较明智的做法。

当然，也有一些人巧妙地利用负债，取得了事业的成功，比如投资股票、房地产等获得高收益而成为富翁。正因为这样，有人说即使是借钱也要投资，才能更早一点成为富翁。他们的话并没错，但这样做的人中，十有八九都以失败告终。还有人更是一蹶不振，再无翻身之日。总之，这样做的失败者远比成功者更多。如果用自己的钱投资还不够，还要借钱去投资，说明这个人很贪婪。过分的贪念会让人执著于短期的结果，丧失判断力，最终失败的概率也相应增加。投资成功的人常说不要投资不了解的对象，即如果不了解要投资的对象有什么风险，怎样管理风险等，就不要投资。

特别是想借别人的钱去投资的人，更要遵守这一原则。因为借别人的钱投资失败的话，不仅仅是失去钱，还会毁掉人生。假如有一天，你遇到一个天大的好机会，你认为这种机会一辈子可能只会有这么一次，所以打算借钱投资。但你同时也要考虑到，这也可能会对你的人生造成严重的冲击。**不要用别人的钱做风险投资，而应当用自己多余的钱去投资。**多余的钱即使全部失去，也不会对你现在的生活和未来的人生有太大的影响。

人性弱点的膨胀会让财富缩水。随着财富水平的上升，一些原本没有条件表现出来的奢华和炫耀等人性弱点容易迅速膨胀，并最终反过来侵蚀财富。

哪些才是真正属于你的资产？

净资产是指还清借用的钱（负债）后剩下的“自己的钱（资产）”。因此可以定义为“纯粹的我的钱”。

净资产多意味着资产比负债多，净资产处于负数状态意味着卖掉所有财产（资产）也无法偿还负债。

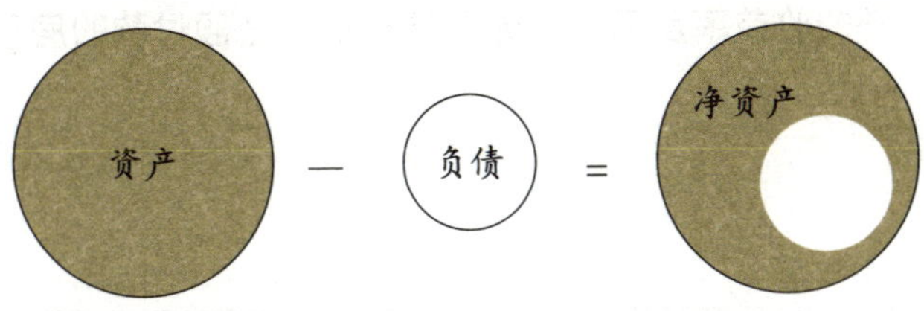

图 4.5　资产中减去负债的金额称为净资产

如果一直处于“资产产生的收益 > 负债费用”的状态，净资产就会增加。相反，如果一直处于“资产产生的收益 < 负债费用”的状态，净资产就会减少。因此**必须充分储蓄，再用这笔钱投资优良资产，保证资产收益大于负债费用**。但这并不是说“负债 =0”就一定好。**利用好优良负债有助于增加净资产**。贷款买房就是有助于增加资产的良好例证。

例如，为了买 120 万元的公寓，你申请了 60 万元的住房贷款。住房贷款用于购买公寓，是优良负债。如果按年利率 5%，5 年后一次性偿还，在利率不变的条件下，5 年内你需要支付 15 万元的利息。5 年后，如果公寓价格涨到 180 万元，就会有 60 万元的行情利差（根据市价变动产生的收益。——译者注），除去所支付的利息 15 万元后，还能得到 45 万元的收益。

你可以用 5 年时间充分储蓄后再偿还贷款。如果储蓄的钱不够，前期又没有发生特别的信用问题，你还可以先只偿还一部分，再延长贷款期限。如果具备了转让所得税的免税条件，卖公寓偿还贷款，也会剩下 45 万元的收益。这时，实际投资的钱不是 120 万元，而是 60 万元，5 年内的累积收益率是 75%，这相当于年均 11.8% 的复利投资率。除了贷款利息，即使还要支付房地产中介手续费、登记税、搬家费、财产税等各种附加的费用，也能达到年均复利收益率10%。**有时候，贷款买房子的收益率反而会比无负债一次性全额付款的房子的收益率还要高。**

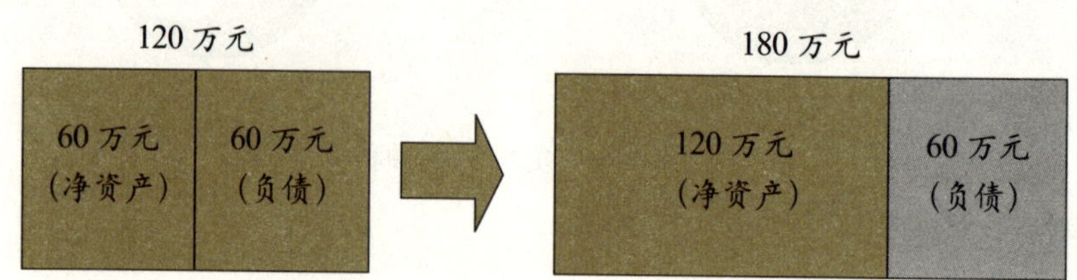

* 负债只偿还利息，假设贷款利率为年利率5%

图4.6　用120万元购买的公寓5年后变成180万元的情况

- 增加净资产60万元
- 产生60万元的行情利差
- 产生45万元的收益(行情利差60万元－贷款利息15万元)
- 投资本金60万元的累积收益率75%（年复利11.8%）

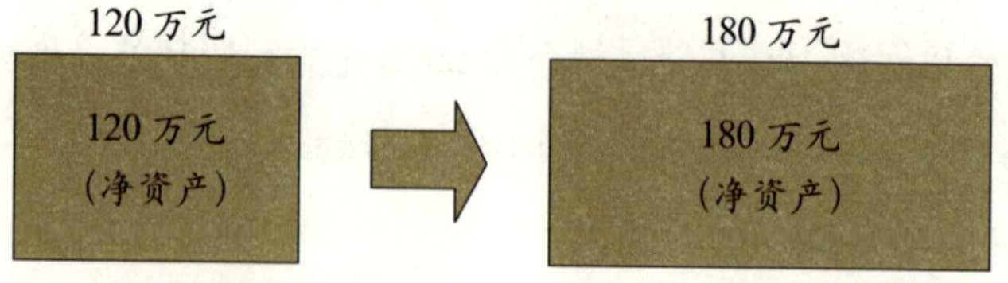

图4.7　在相同条件下无负债购买的情况

- 净资产增加60万元
- 产生60万元的行情利差
- 产生60万元的收益
- 投资本金120万元的累积收益率50%（年复利8.4%）

像这种适当利用优良负债增加资产的工具，称为“负债的杠杆作用”。像利用杠杆可以抬起仅靠自己的力量无法抬起的重物一样，把负债作为杠杆，就能够购买只凭借自己的经济能力无法购买的公寓，而且随着公寓价格的上涨，还可以获得收益。

当然，公寓价格可能不涨也可能下跌。如果把这个定义为“风险”，即使不买公寓，也很难从这种“风险”中摆脱出来。那是因为，如果以后公寓价格大幅度上涨，就会面临即使贷款也很难买到公寓的处境，这也是“风险”。如果你认为“拥有自己的房子”并不重要或有多少钱买多大房，那就属于完全没有“风险”的情况。因此，你可以先判断发生哪一种风险的可能性更大一些，哪一种风险给你带来更不好的影响，再决定是否利用负债。虽然在此列举的是购买公寓的案例，但这一原理适用于所有为了增加净资产而利用负债的投资。

那么为了增加净资产，最快的方法是利用贷款吗？不是。最快的方法是先充分储蓄，再把储蓄的钱不断地投资到优良资产。优良资产越多，产生的收益就会越多，净资产增加的速度也会加快。资产增值中也有“财富加速度”的规律在起作用。这又再次回到本书的“原点”，即要想成为富翁，就要充分储蓄，不断复利投资。

贷款买房，将人生中最大的负债变成资产

房子是现代都市中，绝大多数中低收入人群理想中最美的梦及现实中最大的痛。不买吧，总是觉得在这世上尚无立锥之地；买吧，一夜之间会变身“房奴”。房子，买还是不买，似乎成了人们心中的天问。

到底要不要贷款买房？

很多人为了买房向银行贷款，买了房以后，又为了搬到更好的房子而再次向银行贷款，同时，又对房价的涨跌无休止地争论。2008年，由于金融危机及经济不景气，这种争论更加强烈。其实，这并不是什么新鲜事，早在十几二十年前，人们就已经开始了这场争论，只不过至今还没有得出结论。从10年前起，一些理财专家和经济学专家就一直认为房地产将面临泡沫经济。他们认为目前韩国的房地产商们感到大为不安，这种现状正好说明他们先前的预测是正确的。

最近，那些金融、证券公司纷纷站出来说，10年或20年前购买并一直持有优质股所获得的利润，要比同时期购买房地产所获得的利润还要多。他们还认为，在不远的将来，韩国的房地产市场也会像日本房价暴跌后那样，长期处于不景气的状况。所以，从长远的角度来看，现在投资房地产还不如投资股票或基金。

不过，争论仅仅是争论，大韩民国的人们对它并不感兴趣。他们仍然愿意存够本钱后就去贷款买房再还贷款，也不愿意推迟几年一次性付款买房。这是因为房价上涨得太快，仅凭储蓄很难实现买房的梦想。再说，对于那些除了房子以外再无其他资产的中产阶层以下的普通人来说，买房除了可以自己居住之外，还可以让自己的资产增值。在日常生活中，我们经常可以看到那些买房后一边住着一边等房价上升的人，却很少听说有人因为持有10年优质股而获得了比投资房产更多的收益。

事实上，优质股指的仅仅是结论性的事情。十几年前，一些企业的股票被认为是优质股，而现在这些企业已不知所终，购买这些企业股票的人们更是亏损无数。如果房子也像股票一样容易买卖，可能结果会不一样，但现实并不是这样。而且，那些由于听信“房价会下跌”而一直没有买房的人们，现在看到房价飙升，就算是借钱也无力购买，没有一个不抱怨的。那些一直期望可以买到新开盘楼房的人们，现在也开始后悔没有买套二手房。所以，他们现在只好试着再相信一次“房价可能会降”的说法和政府新出台的住房调控政策。

那以后会怎么样呢？是要贷款买房，还是一直存钱到可以一次性购房的时候呢？或者干脆继续住传贳房或月租房？在你为这个问题烦恼不堪时，有必要先考虑一下“自己的家”所拥有的深刻内涵。

> 我想起10年前在电台节目中听过的一个故事。一个男人在节目中谈到，他结婚15年后才买了自己的房子。搬到新家的第一个晚上，他突然听到妻子在轻声哼唱。他以为是换了床妻子睡不着，所以就和她说了一句话。等了好一会儿，见妻子没有回应，仔细一看，原来是妻子微笑着在说梦话。那一瞬间，他突然觉得很对不起一直辛劳的妻子。现在，虽然晚了一点，但他们总算有了自己的房子。

“房子”在成为房地产商品之前，首先是一个温暖的巢，一个可以让家人安心休息、吃饭、睡觉的窝，所以谁都不能容忍其他人来侵犯。正是因为是“自己的房子”，不用担心传贳金会涨，也不用为了搬家而打包行李，所以，它拥有其他东西不可替代的价值。特别是在老了、累了、病了的时候，“有自己的房子”的感觉会让人觉得更加欣慰。即使是又小又破的房子，这种价值也不会因此而减少。我曾在电视上看到，有一位老人由于城市规划拆迁而被迫失去了自己的房子。她一边痛哭一边说：“虽然是一间看起来要倒塌的房子，但毕竟这是我自己的房子。

因为有它，我才能养大孩子，一辈子过着安定地生活。可现在让我去哪里啊？”老人悲痛欲绝的样子，说明“自己的房子”对一个人来说是多么重要。

简单地说，房子所拥有的意义大致可以分为两种。一是作为居住空间的家，二是房地产，即为了获得收益的投资对象。很多人都在烦恼：“是不是应该贷款买房呢？”那是由于他们倾向于把房子当做投资对象，要根据今后的住房市场前景作选择。即使是不把房子作为投资对象而只当居住空间的人，如果无法忽视教育环境、交通问题、生活便利、舒适感、治安问题等影响住房价格的环境要素，也只能徒生烦恼。居住环境越好的房子，作为房地产的投资价值越高，如果目前价格已经上涨，以后继续上涨的可能性也会很大。

那么准备了一点本钱，还是没有买到房子的人，是不是现在就应该贷款买房呢？还是等房价跌落后再说呢？为了得出一个结论，我们来假设一下几种情况：

① 贷款买房后房价上升。

◆ 好的方面：房子是居住的空间，是投资的对象。

◆ 坏的方面：没有。

② 贷款买房后房价跌落。

◆ 好的方面：房子是居住的空间。

◆ 坏的方面：房子是投资的对象。

③ 预测到房价可能会跌落而没有买房，结果房价真的跌落。

◆ 好的方面：房子是居住的空间，是投资的对象。

◈ 坏的方面：没有。

④ 预测房价可能会跌落而没有买房，但现在房价上涨了。

◈ 好的方面：没有。

◈ 坏的方面：房子是居住的空间，是投资的对象。

上述中，好的情况是①和③，但这两种情况不会同时发生（可能隔着时间差，这两种情况都会发生）。期望①的情况，要承受②的风险；期望③的情况，要承受④的风险。这两种风险也不会同时发生。人们在买房的时候，通常苦恼的原因是缺钱，所以忧虑的是②和④两种情况。②是在买房以后可能发生的风险，④是在还没买房时发生的风险。最终只要好好考虑这两种风险中，哪一种对自己来说更不利就可以作出决定了。当然除了上面的 4 种情况以外，还会有其他的情况，也需要好好考虑。

对是否决定买房这个问题，我不想给出什么结论，我只想简单地谈一谈自己的买房经历。这是我个人的案例，其他人并不一定也要做出同样的选择。

我期望①种情况，所以买了房。也就是决定承担②中的风险。以后打算搬到教育条件或居住条件更好一点的房子。如果真发生了②中的风险，可能要放弃收益，但能够提供“自己的房子”的舒适感。如果曾在连阳光都透不进来的多住户传贳房过新婚生活的人，就可以理解这种舒适感有多重要。虽然可能需要一直要偿还贷款或债务，但这是为舒适感所付出的代价，至少不用再烦恼住传贳房必定会经历的房东要求上涨传贳金或搬家等问题。

因为期望③的情况，没有买房，但如果发生④中的风险，不仅没有舒适感，还没有收益，而且还要继续苦恼是否要贷款买房。更大的问题是，这时买房需要比以前更多的贷款，或可能发生即使贷款也很难买到房子的情况。我当时判断，选择④不会对我和家人带来任何好处，所以选择了②。

之后，我期望自己房子的价格上升率能够长期保持和物价上涨率或其他房子的平均上升率差不多。如果除去贷款费用和税金等，还可以保持这个程度的上升率，就再好不过了。我没有想过利用房子赚更多的钱，也没有想过为了投资再拥有一栋房子。只是希望不要在别人的房价上涨时，我的房价却在下跌，或者即使所有的房价都在下跌，我的房价也不要跌得太多。

举一个日本的例子，很多人都担心房价暴跌，但如果真的发生这种事情，包括股市在内的其他资产市场也不会稳定。实际上，日本的房地产市场暴跌之前股市先暴跌，很多企业和金融公司倒闭。日本人中经历过这种事的一部分人，都不把钱存到存款利率接近于0的银行，而是把现金锁进保险柜放在家里。连日本政府都无法推算，以这种方式持有现金的家庭到底有多少。

一个国家的经济系统的推动，并不在于一两个独立的变数，而在于拧在一起的无数的变数，因此，如果一个变数突然出现致命的问题，其他变数跟着产生连锁反应的可能性就很高。因此，如果把全部或绝大部分的钱都投资到房地产时，为了分散投资风险，可以减少房地产的投资比重，增加金融资产的比重。在这种情况下，这样做可能是正确的，但这并不能作为防备房地产价格暴跌的选择。防备这个问题的最好的方法就是不把钱投资到任何地方，全部以现金状态持有。但对于大部分只拥有一栋房子的中产阶级人士来说，要减少房地产比重，除了卖掉现在拥有的房子以外，没有别的更好的方法。相对而言，这种方法更加难以适用。

说实话，我也觉得最近的房价已经近乎天价。虽然决定投资什么对象是个人的自由，但由于无法控制其结果，在投资之前应该充分考虑可能发生的风险并想好对策。尤其是一旦买了房子，就会长期持有。由于一辈子不可能再第二次买房，买房子的时候一定要无比慎重。在买房之前就要仔细挑选，要买一栋以后会涨价的房子，或者即使房地产市场萧条时，也不会比别的房子下跌太多。当然，说时容易做时难。不过，只要想到退休后，房子可能会成为自己最后一道经济堡垒，这件事情就不可能简简单单地处理。另外，我认为先买小房子再变成大房子的购买战略也不是很正确。从长远的角度来看，现在拥有大房子的人，以后转变成小房子的战略显得更安全。

我认为居住环境和交通环境比较好的、面积为59.5~85m^{2}的中小型公寓是最佳购买对象，尤其是适合3~4人居住的小型公寓最好，即使是中小型别墅也可以。我这样思考的理由如下。

包括我在内的很多人都偏爱公寓，但是相较于希望住公寓的人数，公寓的供给量还远远不够，尤其是中小型公寓的需求者比大型公寓或其他住宅的需求者相对多一些。也许，有人会从另一个角度反驳说，由于低出生率导致年轻人人口减少，独生子或独生女长大后会从父母处继承住房，所以中小型住房的需求会继续减少。

不过，从另一方面看，由于退休年龄提前、人们寿命变长，现在拥有大型住房的中年人，为了解决退休期间的生活费和医疗费等问题，打算在退休后卖掉现在的大房子，搬到小房子的可能性会很大。因此，到目前为止，中小型公寓是年轻人竞争的市场，大型公寓是已经拥有一定资产的中年人竞争的市场，但今后中小型公寓很可能成为青年人和老年人一起竞争的市场。如果只有老人居住的silver town（以老人为对象，只要付钱就可以享受居住、疗养设施的村子。——译者注）的需求越来越多，也会出现其他现象。但是我不想在老了以后，住进老人专用的居住设施，我想和年轻人一起生活。我也不想离开我生活过的地方。你呢？如果你的想法也和我一样，如果没有病到不能自理的情况下，对老人来说，silver town 并没有很大魅力。

不仅如此，最近房地产公司在建公寓时，根据需求而有意减少中小型公寓供给量，所以中小型公寓少了，价值可能会上升。因此，居住条件好的社区，中小型公寓价格在短期内不会跌落，即使房地产市场长期停滞，比起大型公寓或其他住宅，中小型公寓受到的冲击也不会太大。

我既不是房地产不败论者也不是公寓信奉论者。我只是希望能够有一个我的家人可以放心休息、睡觉的家，只不过根据我目前的条件，认为公寓最适合而已。而且，我还认为，既然同样是房子，就应该拥有一栋更具有投资价值的房子。

但是，今后如果房地产市场与我所预想的完全不一样的话，无论何时，为了保存自己资产的最大价值，我都会卖掉自己的房子，再租别人的房子。如果把青蛙放进热水里，它就会蹦出来；但是，如果放进凉水里慢慢煮，它就会在不知不觉中死去。环境正在发生变化，如果无视这一点继续固执的话，只会沦为死去的青蛙。

我特别喜欢首尔市和 SH 公社一起启动的“长期传贯房供给项目”的口号“房子从‘买的’变成‘住的’”。但对于这种观点，很多人并不一定能够接受并转变为实际行动。所以买房的时候，还是不能忽视房子作为房地产的投资价值。

哪一种住房贷款更好

住房贷款有不同的方式，可以每月只支付利息，到期时一次性偿还本金；也可以每月支付利息的同时偿还部分本金。如果从利率的角度出发，可以根据发放贷款时的利率来计算全部利息，也可以根据不断变动的利率来计算利息，也有混合这两种方式的“混合利率计算法”。

固定利率方式是由贷款人承担利率变动的风险，变动利率方式是由借款人承担利率变动的风险。因此选择固定利率方式时，贷款人一般可以适用更高的利率。这是贷款人向借款人索要的承担利率变动风险的代价。

哪一种贷款方式更有利？关于这个问题，如果根据未来的利率变动情况，答案会有些不同。好在预测长期的利率并不像预测股票价格那样难，因此，相较而言，根据个人的偿还能力来选择利率方式，比根据预测的利率变动情况来选择利率方式显得更现实。如果可以在 3 年内偿还所有的贷款本金，就选择变动利率方式；如果无法做到这一点，就选择固定利率方式。也就是说，如果能够很快偿还贷款，那么利率上升的风险就会降低，所以选择贷款时利率相对低的变动利率方式；如果不能很快偿还贷款，就选择固定利率方式。贷款期限为 5 年或 10 年以上长期贷款，如果选择变动利率方式，只有在今后利率跌落时才可能会有利，但如果利率上升，偿还较高的利息就会比较困难。因此，与其选择利率下跌而得到利益，不如选择回避利率上升的风险。

如果选择固定利率方式后，利率继续跌落，贷款时的利率和目前的利率之间就会产生较大差异。遇到这种情况时，可以考虑变更为新的贷款。这时，就要先计算清楚更换贷款时发生的追加费用和利率节减额等之后再作决定。

需要多少住房贷款?

买房的时候，要贷多少住房贷款才比较合适呢?

想要获得这个问题的答案，要先考虑两件事。一是住房的价格和贷款本金的比率，二是借款人的收入和所要支付的贷款本息的比率。用专业用语来说，前者称为LTV（Loan to Value，住房贷款比率），后者称为DTI（Debt to Income，总负债偿还比率）。

当人们问我LTV和DTI哪一个更重要时，我一般都会回答DTI更重要。理由如下：每月偿还的贷款本息是固定费用。固定费用是不管收入减少还是中断，每月都必须要支付的钱。如果没能在约定的日子支付费用，就会出现问题。如此反复几次后，最糟糕的情况是房子会被金融公司拍卖处理。因此，决定DTI时，要考虑到如果从双职工家庭转变为单职工家庭而收入减少时，是否也能支付贷款本息。同时，为了应对因失业或因身体不适，收入暂时中断的情况，还要预留可以支付几个月生活开支的备用资金。

我建议人们决定贷款本息的支付金额时，要同时满足下面两个条件。

1. 每月支付的贷款本息最好不要超过实际的平均收入（除去所得税、社会保险等后的收入）的30%。

2. 每月支付的贷款本息最好不要超过没有负债时可存金额的50%。即偿还贷款后要能够继续储蓄没有负债时存款金额的一半以上。

例如，每月的实际平均收入是1.8万元，可以储蓄6 000元，按如下方法决定贷款本息支付金额。

1. 不超过1.8万元的30%，即5 400元。

2. 不超过6 000元的50%，即3 000元。

同时满足这两个条件的数字是3 000元。因此，每月所支付的贷款本息最高不要超过3 000元。另外，如果有其他种类的贷款本息偿还金额，也要包含在其中一起计算。

如果一个双职工家庭由于抚养子女等问题，随时可能转变为单职工家庭，前面讲的两个条件就以丈夫的收入（或主要的收入源）计算。如果按双职工家庭收入决定贷款本息后，当突然转变为单职工家庭，就会由于偿还负担太大而感到吃力。最终，为了偿还债务，夫妻双方不得不继续工作。

如果双职工家庭中再过3年或5年就是配偶退休时期，就要积攒比我在前面讲的还要多的贷款本息金额。同时，要在夫妻二人都在工作的期间最大限度地储蓄。当储蓄到一定数额时，就偿还部分本金，以减少每月支付的贷款本息的负担。

如果夫妻二人在偿还贷款的大部分时期都在工作，于是计划按双职工收入决定贷款本息支付金额，那么，我建议你的贷款本息支付金额要低于我在前面讲的标准，因为还要考虑其他预想不到的情况。

如果为了支付过多的贷款本息而完全不能储蓄，是不明智的。也许有人会认为，偿还住房贷款和储蓄没有什么不同，但**还债和储蓄是完全不同的。前者是为别人投资，后者是为自己投资。**

买房不是人生的唯一目的，子女的教育资金、养老资金等也需要长期投资。居住的房子再怎么涨价，在出售之前也只不过是押着钱的房子而已。如果完全没有储蓄，就相当于把所有的钱全部投资到房地产。即使从分散投资的角度看，也要继续增加金融资产的比重。而且，当金融资产积累起来成为一大笔钱时，可能会重新调整未来的支出计划。因此，综合以上理由，中途适当地偿还部分负债可能会更好。

已经贷款买房的人，通过计算，如果发现现在支付的贷款本息超过上面提到的金额，就要降低贷款本息，每当存够一笔钱时要部分偿还本金。如果完全没有余钱可以用来储蓄，有时为了支付贷款本息，还需要借钱的话，就有必要好好思考一下是否要卖掉现在的房子，再买其他便宜一点的房子。这样的房子不是“自己的房子”，而是高价的“月租房”。住在高价的月租房里，还不如搬到传贯房。

关于 LTV，贷款本金最好不要超过房价的 40%。

例如，购买 180 万元的公寓，住房贷款要控制在房价的 40% 即 72 万元以内。如果以 7% 的固定利率借 72 万元并按本息均分方式偿还，根据贷款年限，每月大约需要支付 8 340 元（年限 10 年，总利息 28.2 万元）或 6 480 元（年限 15 年，总利息 44.4 万元）或 5 580 元（年限 20 年，总利息 61.8 万元）。即使是相同的利率，贷款年限越长，每月支付的本息就会越少，但整个偿还期间所支付的利息就会变多。根据贷款年限，金融公司所适用的利率也会有所差异。

房价是投资房地产时需要考虑的一个主要因素，直接决定购房的成本和投资收益。要根据自身的财务状况决定投资房产的规模和档次，决定是否成为“房奴”。一般来说，房产总价值不超过家庭年收入的 6 倍为宜。

按这种方式计算 LTV 和 DTI 后，最终决定贷款的数额和贷款年限。

如果 LTV 过高，DTI 自然也会变高，这就会导致问题的产生。而其中最大的问题会在房价下跌的时候出现。

假设贷款 120 万元购买了 180 万元的房子，如果以后房价跌到 120 万元以下，就会发生贷款超过房价的情况。这时，房子早就丧失了投资价值，变成了只会产生费用的商品。这时，即使是卖房也无法偿还剩下的贷款。在这种情况下，谈论自己的房子所能提供的舒适感是需要多么大的勇气。这件事情目前来看似乎难以想象，但如果今后房地产市场长期停滞，就会发生这种情况。

实际上，日本在 20 世纪 80 年代后半期，看似永远直线上升的住房价格突然暴跌，1990 年后再次暴跌，跌到之前的一半以下，20 年后还没有恢复的迹象。这次房价暴跌的结果是：很多人破产或继续偿还超过房价的住房贷款。

近年，韩国也有迹象显示可能会出现这种情况。由于公寓的微量增加，很多房地产公司和金融公司竞争的项目融资出现泡沫，房地产市场已经埋下了定时炸弹。因此，利用过多的贷款购房并不见得是明智之举。

不过，对于收入高的人，即使到目前为止积攒的钱不是很多，也可以考虑比 40% 更高的 LTV。因为比起收入低的人，收入高的人可以更快偿还贷款本金。

如果你看中了一栋房子，非常喜欢，无论贷多少款，也一定要购买，那就要作好思想准备。在贷款本金减少到一定水平之前，需要拼命地节约、储蓄、偿还。如果没有这种心理准备，有一天房子就会成为绑住你手脚的锁链。

美国的次贷危机就是由于过低的 LTV 和伴随而来的低 DTI、利率上升和经济状况停滞等不相符合的结果。美国的金融公司为了竞争，发放的货款甚至比房价还要高。现在很多美国人过着每月支付住房贷款本息后，就没有余钱或借钱还贷的生活。在这个过程中，由于利率上升、失业、收入减少等原因，很多人无法承担贷款利息重负而被金融公司强制收走了房子。而面临这个问题的，不仅有非优良住房贷款者，也有用过高的贷款买房的人。

如果你掉进水里，水漫到了脖子，每当水稍微晃动，你就要屏住呼吸，而且水位稍微上涨，你就有可能失去性命。为了防备这种情况，认真学习游泳很重要，但是不让自己掉进水中更重要。贷款买房也是这个道理。

延伸阅读

作者在本章将资产分为优良资产和不良资产，我将个人资产分为生息资产和自用资产。升息资产是能够给你带来投资收益的资产，自用资产就是你自己消耗的资产。我举个例子来说这个问题。

比如说，一个上海人和一个顺德人，他们在居住地各自购买了一套一模一样的100 m^2的户型，但上海房价是每平方米1万元，顺德的房价是4 000元。假设上海人和顺德人都拥有105万的资产，但是上海人扣除100万的自用房产后，实际只拥有5万元可以用于投资的生息资产，而顺德人扣除40万的自用房产后，还拥有65万的生息资产。虽然两个人拥有同样数目的资产，但很明显，顺德人才是我们所理解的有钱人，因为他拥有较多的生息资产，而生息资产会给他带来更多的投资收益。

专家导读

当居民的收入持续大于支出，出现收支结余和可投资资产时，就意味着他们走进了投资时代。经过十几年的飞速发展，中国的老百姓积累了大量财富。他们一方面千方百计寻求资产保值增值的渠道与方式，另一方面却又极其轻易地就作出投资选择。很多人只是一味地问我投资什么好，可是当我问他“这笔投资你准备用来做什么”的时候，大多数人的回答却都语焉不详。

萧伯纳告诉我们，“经济是充分利用人生的艺术”，或者说，经济是实现人生的艺术。在进行投资管理的时候，我们必须考虑的一点是：在我人生的这个阶段，我要用什么样的财务手段，实现我未来什么样的人生目标。面对不同的人生目标（结婚、买房、子女上学、子女结婚、退休），我们应该采取不同的资产配置方案和投资方式。

第5章
让“小钱”变“大钱”

就像每个人都有自己的心电图一样，你也有自己财富的心电图，也有自己财富的密码。这个财富的密码就是你一生当中能够创造多少财富、能够满足你什么样的人生目标。或者说，有多少人生目标需要你什么样的财富去满足，这个就是需要规划的。

投资就像马拉松

想要成为富翁，需要充分地储蓄和不断地复利投资。

我在前面强调过，要把复利投资看成是投资行为本身。把本金产生的收益再次和本金一起反复（或继续）投资的行为就是复利投资。想要体验复利的魔法，需要足够长的时间。

很多人无法见识复利投资魔法的主要原因是，由于时间太长，总是东张西望或半途而废，最终未能坚持到最后。

这和龟兔赛跑故事中兔子输掉比赛的原因一样。兔子虽然跑得很快，但由于觉得整个旅程太漫长，所以总是在途中边跑边停。信心满满的兔子还认为，自己即使不认真跑也一定能赢乌龟。相反，乌龟虽然跑得很慢，但朝着目的地默默地执著地走。乌龟也觉得整个旅程很漫长，但它没有边走边停，也没有放弃，所以最终取得了胜利。

这也可以比喻成马拉松比赛。马拉松比赛非常漫长，所以也有人说马拉松是一场同自己进行的战争，如果没有耐力根本无法跑完。即使是很有耐力的人，假如以 100 米速度飞奔，也会跑不到 1 000 米就倒下。只有清楚自己的体力，以适当的速度跑，才有可能跑完 40 000 米以上的距离。

投资也要像跑马拉松一样。放下焦急的心情，保持符合自己经济状况的消费水平，充分储蓄，并且要长期坚持。如果刚刚积攒了一大笔钱，不要急于换车，或以其他方式花掉这笔钱，而是要不断地投资。如果这个月发了奖金或生意兴隆赚了更多的钱，不要花掉这笔钱去国外旅行，而是要用这笔钱追加投资。当然，现在的生活与未来10年或20年的生活一样重要，所以也有必要充分满足自己和家人目前的生活需要。但是，如果现在的支出欲望越往后推，支出的金额越少，以后获得的补偿就会越多。

在马拉松比赛中，我们没有必要一定要获胜，所以也没有必要在和别人的攀比中，感到悲观或骄傲，因为参加比赛的每个人的体力和目标都不一样。在投资这场马拉松比赛中，重要的不是战胜别人，而是战胜自己，跑完比赛。

在这一章中，我会详细介绍为了跑完投资这场马拉松比赛，一定要了解的投资原则和战略，再讲述如何把钱适当分配到“债券型金融产品”和“股票型金融产品”的方法。（以下把“债券型金融产品”称为“债券型”，把“股票型金融产品”称为“股票型”。）

用简单的方法投资简单的金融产品，是持续长期投资或终生投资的最佳方法。因此，大家应该在了解几种金融产品后，再熟练掌握投资这些金融产品的方法。

我建议你们一定要了解的金融产品有债券型的定期存款、零存整取存款、MMF或CMA、利息型的年金保险等和股票型的基金、变额年金保险等。

除此之外，还有很多有用的金融产品。例如，有减税优惠的长期住房储蓄和年金储蓄，还有ELS、ELF、ELD等派生金融产品，后者如果应用得好，也都能够成为很好的金融产品。不仅如此，从长期投资的角度看，持有黄金或外汇也是一种好的投资方法。如果是无房产者还要参加请约存折（请约存折为韩国申购房屋的专有制度。——译者注），这是基本常识。

如果你不是富翁，从买房的那一刻起，就相当于把一半以上的资产投资了房地产。之后再怎么增加金融资产比率，这种现状也不会有根本性的改变。因此，在金融资产和房地产的投资比率为70 ：30之前，没有必要考虑投资房地产的问题。

保住本金的投资秘诀

如果要不断地复利投资，就要先制订投资原则后再实践。如果自己没有原则和战略，就会追赶潮流按别人的做法投资或轻易地投资自己不了解的商品。这种做法很难达到预期的良好愿望。与马拉松比赛的选手一样，为了跑完比赛，要一直保持平均的速度；在投资的时候，制订一个能够长期保持的原则和战略非常重要。

原则是无论处在什么样的环境下都不可改变的东西，而战略可以根据投资目的或投资环境的变化而改变。对此，我强调要做“不损失的投资”，这也是我自己的投资原则。要做到这一点，需要同时考虑下面的两个问题：

保住投资本金。

根据物价上涨率保住本金的价值。

在过去韩国的高利率时代，只投资银行的定期存款或零存整取存款，也可以实现这两点。因此，仅仅以节约、储蓄作为投资战略就足够了，但处于目前的低利率时代就不一样了。在低利率时代，为了“不损失的投资”，需要采用如下战略：

> 短期投资时，保住投资本金更重要。因此，要投资不会损失本金或投资风险小的债券型。
>
> 长期投资时，根据物价上涨率保住本金的价值更重要。因此，要投资虽然投资风险大但可以期望比利息更高收益的股票型。

现在，我们来假设下面的两种情况。

一、你现有 6 万元，一年后你要用这笔钱负担追加的住房传贳金。如果把这笔钱投资到年税后收益率 4% 的一年定期存款，到期后可以得到 62 400 元。虽然不能期望高收益，但肯定能够负担追加的传贳金。

相反，如果投资股票型基金，就没有办法预测一年后可以得到多少钱。因为没有办法知道未来的股票价格的变动情况。股票价格每一天、每一秒都在变化，有时甚至一整年都在上涨，或一整年都在下跌。如果有收益还好，万一损失本金，就无法负担追加的传贳金。因此，在这种情况下，要投资可以保本的定期存款或像 MMF 那样损失本金的可能性很小的债券型。

二、你现在有 6 万元，而短期内不需要用这笔钱。这时的情况就不一样了。股票价格下跌后肯定还会上涨，上涨后也肯定还会下跌。在投资期间由于股票价格下跌而亏损，可以等到股票价格上涨恢复本金再产生收益；相反，由于股票价格上涨获利，在适当的时候可以中断投资回收资金。虽然无法控制股票价格的变动，但投资间期越长，获得这种选择（或决定）的机会就越多。所以，最终可以在一定程度上管理投资风险。因此，在这种情况下，为了得到比利息更高的收益，可以考虑投资股票型基金。

上面是以一次性投资一大笔钱的情况为例，但追加式投资的情况也和上面相同。不要以为，每月像零存整取存款一样向股票型基金追加一定的钱，其稳定性就和零存整取存款一样。其实不然，后者的收益比零存整取存款高。虽然追加式投资大大减小了投资风险，但并不是完全消失。如果最终卖出的股票价格低于每月平均买进的股票价格，一样会产生损失。因此，进行追加式投资的时候，也要作好要等到以后股票价格上涨才可以获得收益的打算，长期投资。

不同的投资区间所要承担的投资风险大小不同，因此，要先考虑好投资区间，再决定投资债券型还是投资股票型，这也是一件非常重要的事情。为了做到这一点，在投资之前，要先审核今后的支出计划等，再制订投资战略。如果近期内需要支出很多钱，就增加债券型的投资比重，不然就增加股票型的投资比重。像这样，设定债券型和股票型的投资比率后，长期保持这一比率的战略称为“资产分配战略”。投资期间，也许会出现意想不到的事情而需要支出很多钱，所以要充分预留备用资金。

从长远的角度来看，通货膨胀是降低财富内在价值的最大外部因素。它不仅会削弱投资者手中金融资产的购买力，还导致利率水平上升，使投资者手中的固定收益证券的价格下跌。

至于按什么标准将投资间期划分为短期或长期，并没有绝对尺度。以1年或3年等特定时间为标准，决定投资债券型还是投资股票型仅仅是一种参考坐标。因此，不要为这类问题费心，而是把投资目的分为准备子女上大学资金、准备养老资金、准备住房资金等，再按每种目的适当分配资产进行投资。

TIP 股票的平均买进价格

在投资股票的时候，最大的忧虑是“什么时候买进，什么时候卖出”。无论再好的企业的股票，如果卖出的价格低于买进的价格，就是亏损。谁都知道，在股票价格低的时候买进，在高的时候卖出才能获利，但抓准这一时机却非常困难。因此，不要白费力气想要抓准买卖时机，而是采用“在股票价格低的时候多买进，股票价格高的时候少买进，降低平均买进价格”的战略。

例如，假设不是一次性投资 180 元，而是每次投资 60 元，分 3 次投资。如果股票价格是 0.3 元每股，60 元可以买 200 股；如果股票价格是 0.6 元，用同样的钱可以买 100 股；如果股票价格是 1.2 元，只能买 50 股。即：

- 股票价格 0.3 元时，可以买进 200 股
- 股票价格 0.6 元时，可以买进 100 股
- 股票价格 1.2 元时，可以买进 50 股

最好的投资方法是股票价格 0.3 元时，将 180 元全部一次性投资，在 1.2 元时全部卖出。但如果不小心，也会发生在 1.2 元时全部投资，在 0.3 元时卖出的不幸的事情。如果每次追加式投资 60 元，总投资 180 元，可以买进 350 股，相当于每股用 0.5 元（180 元，350 股）买进。这 0.5 元就是平均买进的股票价格。因此，最终卖出时的股票价格如果是 1.2 元，获得的收益

虽然没有0.3元买进1.2元卖出时所获得的收益多，但相当于0.5元买进的股票以1.2元卖出，每股收益0.7元。相反，最终卖出时的股票价格如果是0.3元，每股的亏损是2.2元，这比1.2元买进0.3元卖出的亏损小很多。这种现象常常被称为"平均成本的效果"。

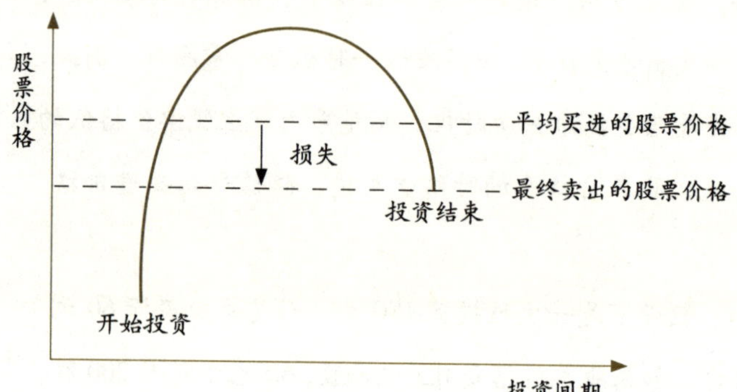

图5.1 追加式投资亏损的情况

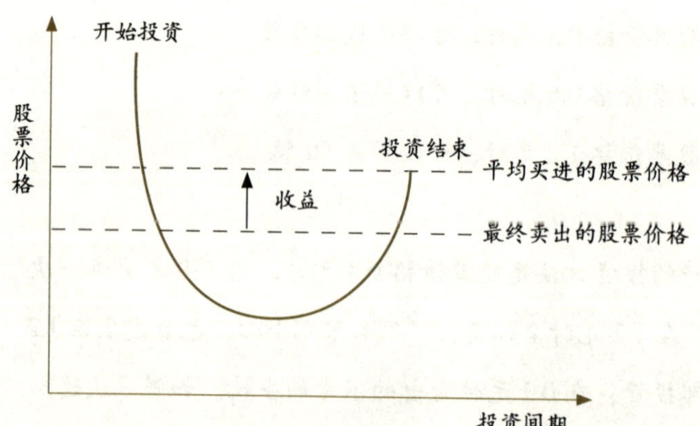

图5.2 追加式投资获利的情况

你究竟为了什么而投资?

每个人在这个世界上的生存方式都不一样，但在人生这一幅绵长的画卷当中，底色却大致相似。

出生、成长、受教育、就业、结婚、生孩子、买房、教育子女、子女结婚、退休、最后再回归大地，这就是人生。除了那些从事宗教圣职的人有特殊的人生经历以外，大部分人只是经历事件的先后存在差异，但都同样经历这一过程。当然，有些人可能没有子女或由于特殊情况过着和其他人不同的生活，但人生的过程并没有太大的差异。

在我们的一生中，大量用钱的阶段大致可以有 5 个，如果不事先准备好，就会觉得困难重重。

- 结婚的时候
- 买房的时候
- 子女上大学的时候
- 子女结婚的时候
- 退休后

因此，最重要的投资目的也分为 5 种。

- 准备结婚资金
- 准备住房资金（含住房贷款的偿还）
- 准备子女上大学资金
- 准备子女结婚资金
- 准备养老资金

人总是倾向于只烦恼眼前的事情。未婚的时候，主要专注于结婚资金问题；结婚后，主要专注于买房；买房后，专注于偿还住房贷款；5 年或 10 年偿还了所有的住房贷款后，就到了子女上大学的时候。但是在此之前已经消费了很多，而且为了不落后于别人也支出了很多子女的家教费，钱已所剩无几。所以，通常到了子女大学毕业的时候，才开始担忧养老。如果等子女结婚后卖掉房子的话，由于原本所拥有的资产并不是很多，养老就成了现实的问题。与此同时，又想卖掉房子准备养老金或提取住房年金生活，但又舍不得离开已有感情的房子，而且又觉得应该把房子留给子女，不免左右为难。最终只能一边自我安慰“什么都不做对健康没有一点好处”，一边为了赚点小钱再就业。但是如果已经有病在身，这也很难做到。事实上，很多人都是这样过一辈子的，像刚解决一道数学难题，就要解决下一道更难的数学难题一样。

子女教育规划与养老规划原则是在保证本金安全的前提下寻求适度收益，要构建一个中长期的投资组合，能够抵御通胀，并且有一定强制性。

人总是专注于眼前的事情，不怎么考虑接下来的事情，这似乎很正确。如果房子着火了，要一边扑灭眼前的火，一边向外走，才可以活着走出房子。但人生所经历的火，无论怎么扑，随着时间的流逝，前面都会有一场更大的火挡着路。因此，很多人都感到慌忙。

在前面所讲的 5 种投资目的中，最重要的是什么呢？如果没有事先准备好，随着时间流逝，让你痛苦的问题会是什么呢？我认为是准备子女上大学的资金和养老资金。

如果结婚资金不够，可以端一碗清水举行结婚仪式，也可以在半地下月租房开始新婚生活。如果无法准备住房资金，也只不过会由于一辈子没有自己的房子而感到不方便和悲伤，但不会成为难以维持生计的大问题。但是，如果由于没有为子女准备上大学的资金而让他们失去接受高等教育的机会，或由于没有准备养老资金，不能为已经退休的自己留一点点余地，那就会成为比较严重的问题。

虽不能说大学教育决定子女的未来，但能够对他们产生很大影响却是不争的事实。现在已不再是毕业于某个乡村小学后，只身来到首尔就能够创造成功的时代。如果世代贫穷，那么能够改变这种现状的最好的方法，就是接受高等教育，融入较为上层的社会。

无论经济上再怎么困难，作为父母，只要有坚强的意志，就能够让子女高中毕业。但是大学教育每年需要 6 万元，所以，要送子女上大学，光靠意志没有钱是很难做到的。

不能得到父母充分的经济帮助的大学生，更热衷于赚钱，甚至上不法传销公司宣扬可以赚大钱的当，丧失朋友；或掉进打着贷款学杂费旗子的高利贷陷阱……这些都是沉痛的现实。

如果子女想上大学，大学毕业后想继续深造，那么，为子女提供最大限度的援助就是每个父母的共同心愿。但如果等到了那个时候才想到要解决所有的问题，就会觉得非常吃力。所以，从现在开始着手准备，一点点累积才是明智的做法。

人老了却毫无积蓄也是致命的问题，因为要在没有收入的情况下维持原有的生活水平会异常艰难。和退休之前相比，退休后或许可以减少一些生活支出，但由于医疗费用可能会有所增加，很可能需要比退休前更多的钱。另外，人的寿命是无法预测或人为决定的，钱也不知道何时会见底，这更让人感到不安。正因为这样，在这个平均寿命接近 100 岁的时代，不少人认为没有为养老作准备无异于灾难。尤其是女性，由于与配偶之间的年龄差和平均寿命较长等原因，可能要独自生活至少 10 年以上，所以养老问题比男性更为严重。

父母能像过去一样完全靠子女赡养的时代已经结束了。据韩国统计厅公布的数据显示，在60岁以上的老人中，仅2006年一年就有4 644位老人自杀。这相当于平均每天有超过12位的老人结束了自己的生命。而且，这一人群的自杀率还在迅速增长。老人自杀的主要原因是贫穷、疾病、孤独、忧郁症、不想成为子女的包袱等，这真是一件让人战栗的事情。

你认为在这些老人当中，由于年轻时荒唐、懒惰而最终获得这种结果的人有多少呢？他们年轻时，不也像现在的年轻人一样拥有很多梦想，每一天都非常认真努力地生活吗？贫穷的老人们异口同声地说："抚养着孩子，认真地活了每一天，但不知为什么……"或"子女们的日子也不好过……"

如果你也像我一样，深刻地感受到现在的日子越来越不好过，那么你也要预料到，退休以后，你不仅可能得不到子女的赡养，反而有可能还要资助子女。外汇危机后有一个词语叫"白手父子"，意思是说父子俩都没有工作，父亲由于提前退休没有工作，而儿子由于失业也没有工作。这实在是一个令人心痛的词语。

事实上养老计划的重要性是：30年后退休之后，不仅要活着，而且要能够有尊严地活着，要在有闲的时候还要有足够的钱，使自己能精彩、舒适、稳定、坦然地活着。

准备子女上大学资金和养老资金是人生当中最重要的事情，但因为这是人生的后半阶段才会面对的问题，所以并没有得到人们足够的重视。

现在给子女买漂亮的衣服、买好玩的玩具、给很多的零花钱，会让子女感到富足，但还不如把这些费用节省下来，为准备子女教育费开一个基金账户。另一方面，如果现在由于支出了过多的子女教育费，等老了以后成为子女的包袱，还不如减轻一点这方面的负担，为自己的养老多投资一点。

家有高考生，你的钱袋准备好了吗？

每月储蓄至少 10% 的可存金额，如果可以长期投资，就投资股票型基金。建议你长期购买股票，每月追加式投资。如果距离子女上大学的时间还有 10 年以上，投资变额 Universal 保险也是一个不错的选择。但是如果不想承担投资风险或距离子女上大学的时间不到 3 年，就要投资债券型的零存整取存款；如果一定要投资股票型基金，就要把投资金额的一半以上分散投资到能够保本的零存整取存款或投资风险相对小的债券型基金等。

股票型基金

股票型基金的种类。股票型基金可以分为 Active 基金和 Index 基金两大类。Active 基金是基金经理认真寻找的股票价格可能会上涨或能够获得高红利的股票。Index 基金是和 KOSPI200 指数一样，构成特定指数的股票，根据市价总额比重买进后，基金的收益率取决于相应指数的变化。因为这种差异，常常称前者为“积极经营基金”，称后者为“消极经营基金”，投资者支付的各种费用中，Active 基金高于 Index 基金。

例如，假设韩国上市企业股票只有 A、B、C 3 种。那么综合股票价格指数根据这 3 种股票价格的变化，可能上涨，也可能下跌。如果组成整个股票市场的 3 种股票市价总额是 A ∶ B ∶ C＝50 ∶ 30 ∶ 20，Active 基金的基金经理不管每种股票的市价总额比重，只要认为哪种股票价格便宜就买进，等到价格上涨的时候就卖出。相反，Index 基金的基金经理会根据市价总额比重分别买进 A 种类 50 股，B 种类 30 股，C 种类 20 股等，再长期持有，得到和综合股票价格指数的收益率相同的收益率。这样的Index基金称为“完全复制型Index基金”。

韩国的Index基金是由所有上市股票中所占的市价总额比重较高的200个种类构成的，其中直追KOSPI200指数的Index基金形成主流，比起完全复制型Index基金，大部分是在KOSPI200指数尤其是市价总额比重高的种类按行业买进组成Portfolio，用一部分资金通过指数派生商品交易等获得比指数收益率更高的收益率的Index基金（这样的Index基金称为enhanced Index基金）。虽然是Index基金，但也有能够像一般股票一样交易的基金，这样的Index基金称为ETF（Exchange Traded Fund）。ETF可以看成是完全复制型Index基金，直追KOSPI200指数，交易量最多。ETF在Index基金中经营费用低廉，向投资者以现金的方式支付收益红利。

站在投资者的立场，对于投资Active基金有利还是投资Index基金有利，有很多不同的意见，但基金市场规模越大，股票市场的流通越好，从长期的角度看Index基金更有利。举一个真实的例子，1970年，世界最早的共同型Index基金——美国“先锋500指数（Vanguard 500 Index）基金”首次向世界亮相，当时并没有受到人们的关注，但现在已经成长为世界上最大的共同基金。而且现在很多美国人认为，从长期看来同，Active基金很难取得比Index基金更高的收益率，其原因大致如下：

> 投资的时候存在代理人的风险。有的人很容易轻信证券、保险、房地产等经纪人的花言巧语的推销而投资失当，有的代理风险则完全是隐性的，比如高成本、低绩效的共同基金每时每刻都在盘剥着无知的投资者。

第一，美国一半以上的股票交易是在基金经理之间形成的。即基金市场就是股票市场，基金经理之间买卖股票，像打扑克一样，轮流出牌。所以在扑克场内输钱的人比赢钱的人更多。但是在扑克场内也有不输钱但一定赚钱的人，那就是借出场地在旁边观看的场地主人。Index 基金投资者也像场地主人一样能不费力气地获得股票市场的平均收益率。

第二，Active 基金比起 Index 基金要支付更多的投资费用，所以很难超过 Index 基金的收益率。

最近，在韩国也发生了与此类似的现象。

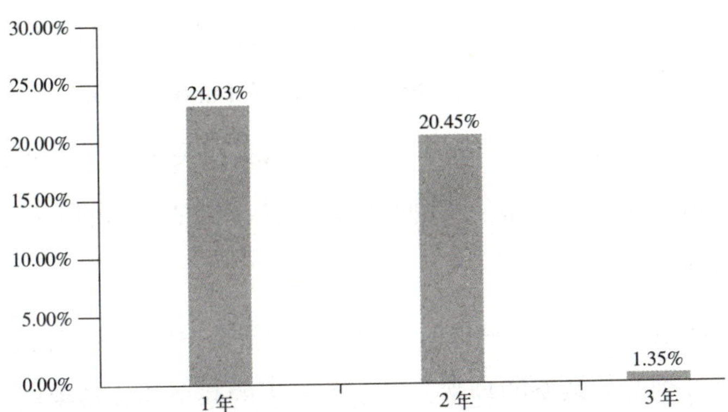

BM：KOSPI200 × 股票编入费 × 0.9 + (1 − 0.9 × 股票编入费) × CD 利息
出处：*Zero in*，“Index 基金”，高永浩基金分析师

图 5.3　连续超过 BM 的成长型基金的比率

据 *Zero in* 发表的 2007 年调查资料，在韩国一年内产生了比标准指数（Benchmark 指数）更高收益率的股票型基金的比率是 24%，连续 2 年收益率比指数更高的股票型基金的比率是 20%。换句话说，80% 的股票型基金的收益率比标准指数低。而且连续 3 年比指数更高收益的股票型基金的比率在 1% 左右。当然，随着调查时间不同其结果可能也会有所不同。而且仅凭这个资料，也很难下结论说 Index 基金比其他股票型基金更加优秀。但是很多股票型资金每年收取总投资

金额的 2%~4% 的费用（亏损也会收取），却并不比什么都不做时情况更好。这一事实正好可以警告投资者们，在选择基金的时候要慎重考虑。

股票型基金的选择

选择基金的时候，需要考虑的地方很多，但是我们很难亲自分析和甄别数千个基金。因此，我认为利用基金评估公司提供的信息，决定投资哪个基金是最简单的。如果你认为自己比那些一年 365 天分析基金、排序的专家们能够选出更好的基金，也可以按自己的想法去做。

现在使用人数最多的基金评估公司是 Fund Doctor，此外还有 Fund Zone、Morning Star Korea 等。虽然购买相关书籍学习基金知识也不错，但利用一天或是一周的时间访问基金评估公司的网站，可能会更有帮助。

访问基金评估公司的网站时，可以看到根据投资对象、投资地区、经营方式等划分的基金的种类，按类型发表的基金的收益率顺序和等级等。选择基金的时候，把等级放在收益率顺序之前优先考虑可能会更好一些。每个公司划分等级的方式稍微不同，但好基金无论到哪里都能得到好的评价。此时的等级是按照“风险调整收益率”划分的。

例如，假设 A 基金和 B 基金在前一年同样获得了 10% 的收益率。但投资 A 基金时所要承担的风险是 100，投资 B 基金时所要承担的风险是 50，那投资风险小的 B 基金肯定是更好的选择。风险调整收益率是指像这样同时考虑过去的经营收益率和投资风险所计算出的收益率。因此，从基金评估公司获得优秀等级的基金，再比较过去的成果和费用等之后，选择喜欢的基金投资就可以了。虽然过去的成功不能成为未来成功的保障，但由于无法预测未来的成果而参考过去的成绩，从而决定最佳的投资方案是最佳的选择。

比较基金之间的成果时要比较类型相似的基金。比如投资三星电子或 POSCO 等市价总额比重高的大型股份基金与投资中小型企业的中小型股份基金，就不能用同样的标准比较。大型股份基金要和其他大型股份基金比较，中小型股份基金和其他中小型股份基金比较才是合理的，而且还要和综合股票价格指数的收益率比较。综合股票价格指数或 KOSPI200 指数的收益率是评价基金的非常重要的标准。整个股票市场（综合股票价格指数）在下跌时，获得高收益是很难的，只有特定股票型基金能够做到这一点，但是股票市场上涨时也有跌到最低点的股票型基金。占有市价总额比重大的几个种类的综合股票价格指数也可能大幅度涨跌，所以将它与集中投资特定行业的基金或中小型股票基金的成果比较是不恰当的。

如果只投资一个基金不放心，为了降低投资风险可以分散投资到 2~3 个基金。这时建议你尽可能不要投资一家资产经营公司的基金，而是分散投资不同的资产经营公司。不是分散基金，而是分散委托资产经营公司。但并不是说分散投资到多个基金就一定好，因为只投资一个基金就相当于已经分散投资到很多种类的股票，所以如果再分散投资几个基金，需要费心的事情就会变得很多。那还不如只投资追赶 KOSPI200 指数的 Index 基金。

如果你想要长期投资，建议尽可能投资主要由优良股组成的大型股份基金。但是如果想投资中小型股份或集中投资特定行业的基金，建议你将投资比重控制在 20% 以下。投资这一类基金比只投资大型股份基金可以获得更高一点的收益，但相对的投资风险也大，所以也会发生相反的状况。

投资海外基金，其目的就是为了把只投资国内股票时可能发生的投资风险分散到海外的其他地区。尤其是投资像中国、印度、俄罗斯等常常被称为“新兴市场的国家”的时候，像 BRICS 基金一样选择分散投资多个国家，把钱集中投资特定国家是不可取的。

在投资海外基金之前，先要考虑一个问题。如果你通过基金投资三星电子，相当于投资到三星电子出口全世界各地的电子产品市场。如果你投资现代汽车，也相当于投资全世界的汽车市场。所以，抛弃只有投资海外基金才可以投资海外的想法吧。如果想投资一次都没去过的国家的股票，就要先仔细了解一下那个国家在哪里，使用什么样的语言，引领国家经济的主导产业是什么，政治上有多安定等。即使是天然资源丰富或成长潜力很大的国家，如果其资本市场恶劣或政治上不安定时，要更加慎重考虑。最近世界各国的经济相互交叉，各国股票价格也明显呈现出一种上涨与下跌相互关联的倾向。因为这一点，我认为即使是投资海外基金，想要充分分散风险也显得越来越难了。

股票市场景气的时候，很多人习惯不咨询就投资。其实，**了解多少就投资多少，投资多少就期望多少，是保住并增加自己资产的最好的方法。**

选择基金的时候，最好避开刚推出的基金。比起选择类型相似的基金，选择在一定时期内一直上涨的基金才是正确的做法。虽然过去的成绩不能保证未来的成绩，但就像之前学习好的学生要比之前学习不好的学生追赶上来的可能性更大一样，在一定期间内取得好成绩的基金经理以后比其他基金经理取得好成绩的可能性也会更大。很多人都认为金融公司推出一款新的基金后，为了取得成绩会全力以赴，所以值得投资。但投资成绩不会由于金融公司尽全力就可以上升的。有不少基金，金融公司强力推上市场后，让购买的客户和推荐投资的职员感到筋疲力尽，而包括股票型基金在内的数千个基金中，不到一年就被放弃或消失的也不计其数。我认为**投资者没有必要参与金融公司的试验项目。**

一旦选择了基金，就要相信基金经理或基金经营组，并且至少要投资3年左右。如果总是从这个基金换到那个基金，还不如直接买股票。此外，还要定期关注基金经理或基金经营组的变动，并与类型相似的其他基金做比较。当相比类型相似的其他基金持续很长的低收益，就要慎重考虑是否换成其他基金。像这样的检查一年内要做一两次，或根据资产经营报告的发行周期，3 个月做一次就可以了。

股票型基金的费用

投资基金的时候，所要支付的费用有销售手续费、基金佣金和投资后在一定期限前从基金中撤出资金时需要收回一部分收益的手续费等。此外，基金经理买卖股票时，发生的各种交易费用也要由基金投资者承担。

销售手续费是在投资者委托投资公司后，投资基金之前扣除一定比率的费用，或最后赎回的时候，在赎回金额中扣除一定比率的费用的。而基金佣金是在所有基金之中扣除一定比率的费用，再通过标准价格调整让所有投资者承担。即投资者投资 6 000 元，先收取销售手续费 1%，基金佣金是基金的 1.5%，先扣除 1%，即 60 元的销售手续费，再把 5 940 元投资到基金。投资到基金的钱无论是获利还是亏损，都会上交相当于年 1.5% 的基金佣金。因此，每天的基金的标准价格可以当做是扣除基金佣金后，最终适用于投资者的股票价格。没有销售手续费的基金以销售佣金的名义收取费用，也有不少基金在收取销售手续费的同时，一并收取销售佣金。

在费用方面，长期投资时，选择不收取或收取较少的销售佣金或先收取销售手续费的基金更有利。因为先收取销售手续费只会在开始投资时一次性扣除，但销售佣金是在投资期间每年都会扣除，所以投资基金的钱越多，收益越多，持续支付的费用也越多。

投资基金的时候，也有很多投资者选择费用附加方式的基金。这类基金称为“Multi-class 基金”，虽然是投资同样的基金，根据销售手续费是以先收取的方式支付还是以销售佣金的方式支付，在基金的名字后面加上 A 款、C 款等。因此，审核自己的投资计划后，再选择以什么方式支付费用就可以了。

不管基金的费用是多还是少，或以什么方式收取，如果能够向投资者提供相应的服务，能够获得比其他基金更多的收益，费用就不成问题。但是实际情况并不一定都是这样，所以费用也成为选择基金时的重要标准。

变额 Universal 保险

变额 Universal 保险是一种先收取昂贵销售手续费的股票型基金。如果每月投资 6 000 元到变额 Universal 保险，其中 600 元以费用的形式扣除，剩下 5 400 元投资到基金。但是先收取的费用不仅用于销售手续费，还是投保人死亡时支付死亡保险金的财源，所以和先收取销售手续费的股票型基金性质不同。而且参加变额 Universal 保险，可以一次性补贴回收钱，也可以转换为退休后的年金，可以终身领取年金。即变额 Universal 保险同时具有“基金投资（免税）+ 死亡保障 + 终身年金”3 种功能。因此，单纯地只比较股票型资金、费用或收益率是很不合理的。

变额 Universal 保险的钱投资基金后，扣除的基金佣金的比率低于一般的股票型基金，而 10 年后在已缴付的保险费中先收取的费用也会减少，所以除去所有费用后得到的收益率可能比相同的收益率的股票型基金还要多。而且还可以在债券型基金、混合型基金、Index 基金、海外基金等各种基金商品内选择和变更。但是至少要持续缴付 10 年以上，才可以充分享受这些优点。而且无论收益率再怎么好，如果提前解除保险，可能无法退还本金。如果投保后在一定期限（目前 10 年）以内解除保险，还要交纳利息所得税。因此，在投保之前要慎重考虑后再作决定。如果只考虑短期投资收益，投保后觉得很难维持 10 年以上，最好不要投资。参加 Universal 保险，义务缴付期间过了之后，可以中止缴付，也可以提取现金，但经常使用这种功能，会给投资收益带来不好的影响。

不要无节制在子女教育上投资，由于子女教育和养老计划在目标时间上比较接近，家庭要在子女教育计划和养老计划中获得平衡，在为子女教育投资时，也要为自己养老投资。

因此，参加变额 Universal 保险的目的，一般只是为了准备养老资金和子女上大学资金等。而且，变额 Universal 保险具有“定期保险 + 基金”的性质，因此投保人死亡时，能得到“死亡保险金 + 投资累计金”，所以适合做防备早期死亡的终身保险或定期保险的替代商品。有关变额 Universal 保险或其他变额保险的投资成果等的信息，可以访问生命保险协会的网站，该网站定期发表保险公司的投资成绩公告。

退休后，你拿什么养活自己?

养老资金的投资至少占每月可存金额的 20%。这个比重之所以比子女上大学资金的比重还大，是因为子女的教育可能在你有工作有收入期间结束，但退休生活是没有收入之后才开始，到死亡之前不会结束。所以，为更长的时间准备更多的钱是理所当然的事情。

事实上，为了充分准备养老资金，一定要投资所有收入的 20% 以上。这是一定要遵守的最小比率。

根据所处情况，养老资金的比率可能会变。如果你是独身主义者，或因为某种原因在老年时很可能只身一人，那就把每月30%以上的可存金额投资到养老资金准备，这是最小比率。因为你的养老问题比起其他人可能会更沉重。如果你已经过了四十五六岁，就要把养老问题当成现实紧迫的问题，但是恰巧此时正处于为子女教育支出大量金钱的时期，为了保持投资比率，需要你更加努力和用心。

养老资金可以长期计划投资，所以不仅要投资股票型，还要投资变额年金保险。如果不想承担投资风险，投资债券型的利息年金保险也不错。

变额年金保险是把缴付的保险费投资基金的年金保险，这时基金同时具有投资股票和债券的混合型基金的性质。即使投资收益率不好损失了一些本金，只要坚持到年金提取时期，保险公司就会支付按前期所缴付的保险费本金为标准计算的年金金额。这称之为“最低年金储备金保证制度”。简单地说，就是即使投资实绩不佳也能够保障本金。但保险公司每年会从基金另外扣除手续费，而且如果在未到领取年金时间之前解除保险，就无法保障本金。

退休养老的生活资金主要来自三个方面：社会养老保险、商业保险年金和企业年金。对于一个家庭和个人而言，要想在退休的时候拥有足够的养老金只有一个方法，那就是及早，最好就在今天开始，给自己做一份退休养老计划。

如果现在以准备养老资金为目的，正在投资其他种类的年金商品或可以转换成年金的储蓄性保险等，就没有必要将它们换成变额年金保险。因为想要换成年金商品，就要退还前期因减税而得到的优惠，或产生较多因花费引起的本金损失等费用。而如果想通过投资其他商品把这些已经支出的费用转成收益，需要非常长的时间。所以，从长远的角度来看，整合以前已经投资的商品后，再投资其他商品可能会更有利。但只有在充分审核，自己非常确信时，才可以作这样的决定。**世上并没有最好的金融产品，只要适合自己的投资计划和投资目的的金融产品就是最好的。**

在选择以准备养老资金为目的的金融产品时，有一个必须要考虑的条件，那就是“是否有可能领取终身年金”。终身年金与生存间期无关，是把前期投资积攒的钱（缴付保险费 + 领取年金之前的收益）分成年金支付，是生命保险公司的年金保险所拥有的传统功能。

人的寿命很难预测，所以年老后有钱用，死亡之前可以领取年金是有非常重要的。就凭这一点，参加社会保险或公务员年金等公共年金缴付的钱就丝毫不可惜。因为如果一定期间内持续缴付公共年金保险费，老后支付终身年金，这时的年金金额被物价带动每年调整，所以也可以一定程度地保持物价上涨后年金的实际价值。因此，即使钱不多，如果长期投资变额年金保险，老后能够领取终身年金，和公共年金支付的终身年金一起，就可以确保老后生活所需要的费用。

变额年金保险并不是把所有的钱全部投资到基金，所以要持续 10 年以上，才可以获得比费用更多的收益。因此，临近退休，或因为某种原因很难确保充分的投资期间，就要投资基金或零存整取等其他金融产品，准备养老资金。用这样积攒下的钱一次性交齐年金保险，就可以领取终身年金。

我打算退休之前，逐渐加大年金保险的投资比重，退休之后，把自己的大部分资产以年金资产的形态保留。因为人老后判断力会下降，所以不想把资产以可以变更的形态拥有，即使钱不多，也要以定期的形态保留，这样会更安全。尤其参加年金保险后，一旦开始领取终身年金，谁都不能中途解除拿走解约退还金。因此，年老后，即使身边的人想向你借钱或想骗你的钱，你也可以保护自己的资产。领取年金有最少保证支付期间，所以如果我是在这个期间内死亡，剩余期间的年金可以由我的妻子和女儿代我领取。像这样，通过我的努力不用担心没有钱养老。

年金保险

年金保险可以分为提供减税优惠的“减税型年金保险”和虽然有减税优惠，但参加后过了一定时间（现行10年）就可以享受免税优惠的“免税年金保险”。

减税型年金保险常常被称为年金储蓄保险，在2000年12月31日之前参加的，所缴纳的保险费可以获得40%的减税，年老后领取的年金金额可以免税（满55岁以后至少要领取5年以上年金才可以免税）。但是缴付期结束之前解除保险，或缴付期结束之后不是以年金的方式而是以一次性补贴方式领取的，就要缴纳利息所得税。2001年1月1日以后参加的减税型年金保险可以得到全额缴付保险费也可以减税，年老后领取的年金金额要缴纳年金所得税，含居民税在内现行5.5%，由支付机关源泉征收，缴付期间享受减税的金额和利息要交税。从公共年金和退休年金中领取的年金金额合起来超过一定金额（现行3.6万元）时，和其他所得一起合算申告缴纳综合所得税。而且在缴付结束之前、解除或缴付结束之后不是以年金方式领取，而是以一次性补贴的方式领取，领取金额需要交纳其他所得税（含居民税在内现行22%，由支付机关源泉征收，缴付期间获得减税的金额和利息部分要交税，满55岁之后领取5年以上年金才可以免税），5年以内解除，对每年缴付的金额（现行1.8万元以内）的累计金额要交解除加算税（含居民税在内现行2.2%）。这样的规定不仅适用于年金储蓄保险，也同样适用于有减税优惠的银行的年金信托和证券公司的年金基金等。从

2002年开始，缴纳社会保险、公务员年金等公共年金的年金保险费可以享受全额减税优惠。但同时对2001年以后缴纳的部分，在领取年金时要缴纳年金所得税。

相反，免税年金保险虽然不能享受减税优惠，参加后只要过了一定时间（现行10年），中途解除时，不仅是年金，连利息也不用交税。免税年金保险根据经营方式，可以分为利息型年金保险（利息带动型或利息确定型）和变额年金保险等，最近还销售结合派生商品的年金保险。

投资年金保险到了领取年金的时候，就把前期投资积攒的钱（已交的保险费+领取年金之前的收益）分割成年金，领取方法可以选择终身年金型、确定年金型、相续年金型等。选择终身年金型，保险公司就支付终身年金，选择确定年金型，即支付年金5年、10年、15年、20年等投保人指定的间期后终止合同。选择相续年金型，是把到领取年金时为止所积攒的钱作为本金，只支付利息，本金在投保人死亡时，支付给家人。如果以终身年金型领取年金，不可以中途解除；如果以确定年金型领取年金，在领取中途解除，可以以一次性补贴方式得到剩余期间的年金金额；如果中途解除相续年金型年金，可以以一次性补贴方式得到大部分本金（已交的保险费+领取年金之前的收益）。

距离目标的时间长，可选择投资收益和风险相对较高的产品，时间可以平衡经济发展的波动。距离目标时间短时，可选择存款和中短期债券，以确保本金安全。距离目标的时间越近，越要增强投资的流动性。

虽然不是年金保险，但也有很多满期或一定间期以后可以转换为年金，领取年金的储蓄性保险。差别就是年金保险以投保时的平均寿命计算终身年金支付金额，可以转换为年金的储蓄性保险以年金转换时期的平均寿命计算。因此，如果领取年金是最重要的目的，参加年金保险比可以转换为年金的储蓄性保险更有利。这是因为考虑到平均寿命的延长趋势（平均寿命越长，年金金额越少），把投保时的平均寿命用于年金金额计算，对投保者最有利。

还可以在哪些方面投资？

在每月可存金额中，除了30%用来准备子女上大学的资金和养老资金，剩余的70%以“债券型：股票型＝50 ： 50”的比率分配投资。我以这个比率作为标准，是因为要维持投资风险和投资收益之间的平衡，这是最保险的比率。

试想一下从家里开车去公司上班的情况。如果车上没有刹车，只有油门，就不能安全地抵达目的地。途中要反复地踩刹车，才可以避开与前面车辆的冲撞，避开过人行道的行人。即刹车起到消除或减少开车时可能发生的事故的作用。相反，如果没有油门，只有刹车，可能连出发都成问题，抵达目的地更是根本不可能的事情。因此，只有交替地踩刹车和油门，才可以安全地抵达目的地。

把投资比喻成开车，债券型起刹车作用，股票型起油门作用。稳定性强的债券型起到减少把所有钱都投资到股票型时可能发生的投资风险的作用，收益性强的股票型起提高收益的作用。因此，保持“债券型：股票型＝50 ： 50”的投资比率，可以适当保持投资风险和投资收益之间的平衡。以这个比率为标准，认为减少投资风险更重要的保守型投资者可以加大债券型的投资比重（60 ： 40，70 ： 30等），认为获得高收益更重要的攻击型投资者可以加大投资比重（40 ： 60，30 ： 70等）。

这时需要注意的是，为准备子女上大学资金和养老资金把每月可存金额的30%优先投资了股票型，即使把剩下的钱分成50 ： 50投资债券型和股票型，所有股票型的投资比率就达到 65%。因此，如果想提高股票型投资比重，要先考虑这一点后再决定。

但是如果 1~2 年内有买房的计划或追加传贳金等需要近期大量用钱的计划，这种情况虽然与投资倾向无关，但也要提高债券型投资比重，降低股票型的投资比重。因为用钱的期限越是临近，按时回收需要的钱比投资收益显得越是重要。如果需要用钱的时刻已逼近，当股票型投资比重大而股票价格正好大幅度下跌时，筹集必要的资金就会更加困难。

这和开车抵达目的地时不再踩油门，慢慢踩刹车是一样的道理。就算投资股票型的钱处于亏损状态，这时也要放弃赢回本金的想法。如果不这样做，可能会产生更大的损失。

为准备子女上大学的资金和养老资金而投资也是一样。如果子女快要上大学或本人要退休时，就要提高债券型投资比重，降低股票型的投资比重，为前期的赢利作准备。

尤其到了退休的时候或已经退休，进行投资时，相比于收益性，要更重视稳定性。因此，在这种情况下，债券型的投资比重要保持在 70% 以上。具体做法如下。

每月的可存金额按“一年零存整取存款 : 股票型基金 = 50 ： 50”的比率分配投资，现在持有的钱也要按“一年定期存款 : 股票型基金 = 50 ： 50”的比率分配投资。在一年后零存整取到期日将获得的钱再次投资定期存款的同时，制订新的期限继续投资零存整取存款。为此，尽可能统一定期存款和零存整取存款的到期日，这样更便于管理（不投资零存整取存款，每月定额存入 MMF 或 CMA 也是一个好方法）。投资到股票型基金的钱会逐渐多起来，所以除了调整投资比率外，也要用相同的方法每月继续投资。

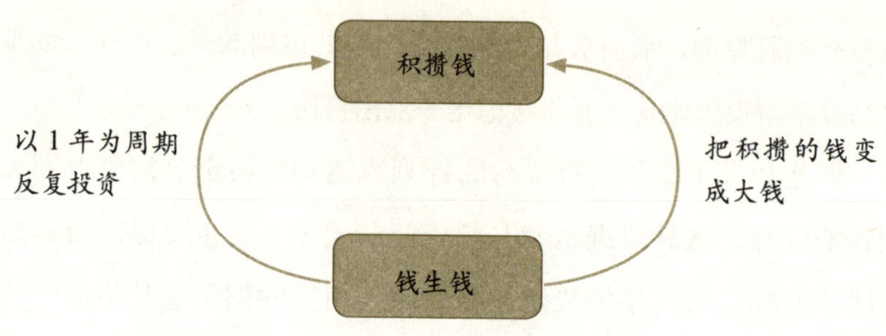

图 5.4　存钱，变大钱，钱生钱

每年反复这种投资行为，即用 1 年的时间积攒钱，1 年后把积攒的钱以钱滚钱的方式继续投资。

这时需要注意的是，为了将积攒的钱变成大钱而再次投资定期存款之前，如果以后的 1 年内（定期存款的下次到期日之前）需要花大量钱，就应该把到时所需要的钱先转移成 MMF 或 CMA。而且，在此之前，如果支出了很多备用资金，备用存折的余额不足，就要补充备用资金。不然，很可能由于急需用钱而中途解除定期存款或零存整取存款的问题。为了防止发生这样的情况，不要只开一个定期存款账户，至少开 2 个以上的账户，当发生意想不到的事情时，可以减少利息损失。

例如，把 12 万元存入 1 个定期存款账户，但突然急需用 6 万元，由于不能部分解除定期存款，12 万元都得不到约定的利息。但是如果 12 万元分别存入两个定期存款账户，取用一个账户里的钱后，剩下的 1 个账户不会受到影响，所以只产生 6 万元的利息损失。虽然也有可以部分解除或提取的定期存款，但如果到期之前可以提取，人就会产生需要钱的时候就动用这笔钱的想法。因此，一旦决定存钱，希望你能更重视所要达到的投资目的。

如果现在正投资免税长期零存整取存款或请约存折等，就没有必要解除或更换这些商品，只要和其他投资并行就可以了。

投资平衡木：向左走还是向右走？

决定债券型和股票型的投资比率后，随着时间的流逝，这个比率自然会产生变化。因为债券型的资产价值变动幅度不大，而股票型的资产价值的变动幅度很大。所以，当股票价格上涨后，股票型的投资比重自然就变大了。相反，当股票价格下跌，股票型的投资比重就变小。

例如，从 2002 年初至 2004 年末，以“定期存款（1 年）：股票型基金 = 50 : 50”的比率投资了 6 万元（见表 5.1），2002 年末比率变成 54 : 56，2003 年末比率变成 48 : 52，2004 年末比率变成 47 : 53。因此，**为了长期保持最初设定的投资比率，有必要定期把偏离的比率调整为 50 ：50**。像这样，把偏离的比率调整为原来设定比率的行为，称为“恢复投资组合平衡”。恢复投资组合平衡可以在股票价格上涨时，把由股票型产生的部分收益转移为安全的债券型；在股票价格下跌时，把投资到债券型的部分资金转移为股票型，等待下跌的股票回升后获得更高的收益。

影响资产配置的比例有两个因素，一个是你的人生规划，一个是经济周期。在进行投资比率的调整时，要充分考虑这两个方面的变化。

表 5.1　从 2002 年开始，
以“定期存款：股票型基金 = 50 ： 50”的比率投资了 6 万元

类别	最初比率	2002 年初	2002 年末	2003 年末	2004 年末
定期存款	50.0%	30 000	31 485	32 823	34 093
股票型基金	50.0%	30 000	27 141	35 060	38 744

不过，如果实施恢复投资组合平衡太过频繁，在股票上涨时期，就可能得不到充足的收益，而在股票下跌时期则会比调整之前产生更

多的损失，所以建议 1 年内只实施 1~2 次。

实施恢复投资组合平衡的目的，是为了保持一贯的资产分配战略，而不是为了短期的高收益。因此，一边预测股票市场的前景，一边积极地调整投资比率的行为会增加投资风险，在此并不建议采取这种做法。而且，为了准备子女上大学资金和养老资金等投资的钱，不要作为恢复投资组合平衡的对象，要一直不断地投资。

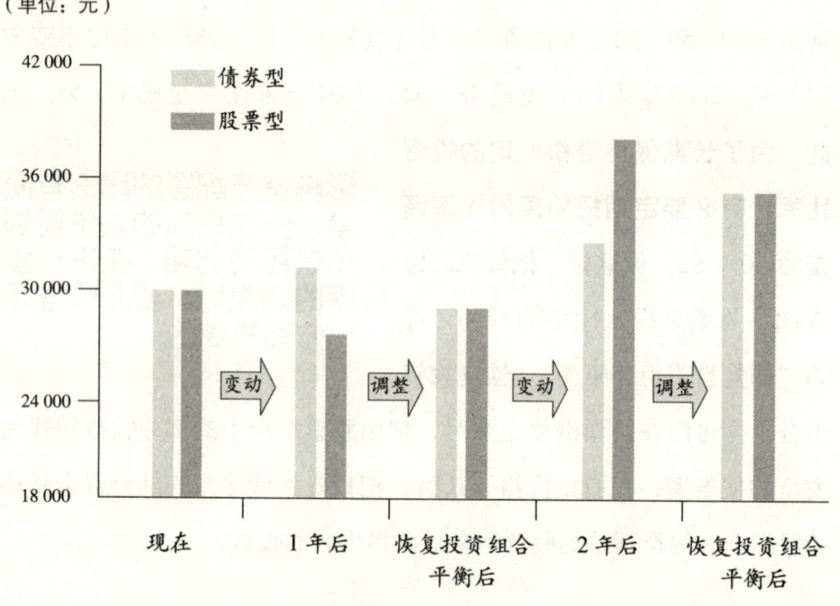

图 5.5　调整投资比率，债券型：股票型 = 50 ： 50

调整投资比率，不仅是为了恢复投资组合平衡，而且在变更投资比率本身时也要实施。例如，最初开始投资时设定投资比率为“债券型：股票型 = 50 ： 50”，但后来要变更其比率为 60 ： 40（或 70 ： 30 等）的时候，就要实施投资比率的调整。

像这样需要变更投资比率的情况大致分为三种。

①短时间内需要回收大量金钱的时候

◆ 加大债券型的投资比重。

②由于利率上升加大了债券型的期望收益率的时候

◆ 可以考虑加大债券型的投资比重。

③由于利率下降减少了债券型的期望收益率的时候

◆ 可以考虑加大股票型的投资比重。

其实，投资比率该如何设定、如何调整，并不存在明确的标准。而且，也不存在必然成功的定律。实际上，预测金融市场的变化，再根据这个变化周旋于债券型和股票型之间并不像想象的那么简单。所以,为了长期不断地复利投资,请不要被金融市场的短期变化轻易动摇，而要保持一贯的资产分配战略。

只属于我的投资组合

按照我上文所讲的“根据不同的投资目的选择金融产品”的内容，我们来举例说明一下。

假设你现在有 6 万元，每月平均可以投资 6 000 元，你可以这样分配投资金额：

为准备子女上大学资金每月投资股票型基金 600 元以上。

为准备养老资金每月投资变额年金保险 1 200 元以上。但一旦参加变额年金保险就很难调整保险费，所以设定所投保金额时一定要慎重。

为其他目的每月投资 4 200 元，其中的一半即 2 100 元投资 1 年零存整取存款或 MMF、CMA，另外 2 100 元投资股票型基金。

6 万元中的 3 万元投资 1 年定期存款，另外 3 万元投资股票型基金。这时不要把投资股票型基金的 3 万元一次性投资，而是分成多次每月定额投资(例如：每月各 3 000 元,投资 10 次)。

如果每月 2 100 元投资零存整取存款或 MMF，1 年后会变成 25 200 元。而且之前投资定期存款的钱 1 年后涨了利息变成 3 万多元。把这两笔钱合在一起，就超过 55 200 元。把这笔钱再次投资定期存款，下一年继续投资零存整取存款或 MMF。

每月要继续积攒 2 100 元投资股票型基金，除了调整投资比率的情况以外，用相同的方法继续投资。

1 年内根据定期存款的到期日实施 1 次恢复投资组合平衡，必要时变更投资比率。

投资倾向保守的人或中短期内需要大量用钱的人，要把零存整取存款和定期存款的投资比重保持在 60 或 70 以上。临近退休的情况也是一样。

无论什么情况，只要临近需要大量用钱的时候，就要把投资股票型基金的钱慢慢地转移到 MMF 或 CMA，再根据情况中断投资股票型基金，已经投资股票型基金的钱也要全部转移到 MMF。

即使每年可储蓄的钱的金额有所变化，也要一直保持设定的投资比率。

如果这样投资的话，整个理财系统就会形成如图 5.6 一样的形态。

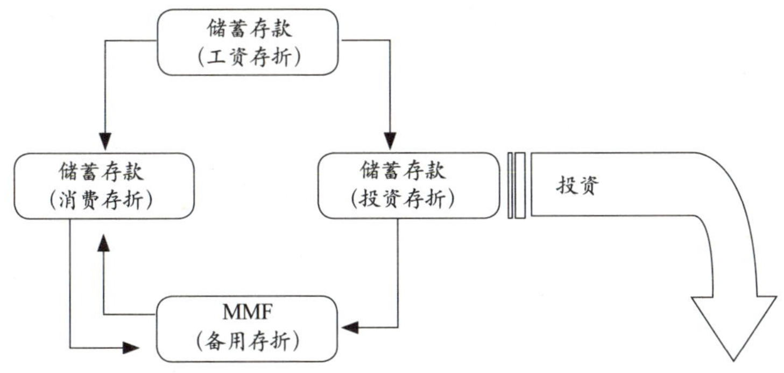

区分		金融商品	投资目的
30%	股票型	股票型基金 1	子女上大学资金
		变额年金保险	养老资金
70%	债券型	零存整取存款（或 MMF）	其他目的资金
		定期存款	
	股票型	股票型基金 2	

图 5.6　理财系统

如果理解这个系统运行的一系列规律，并根据这个规律理财，会不断增加储蓄金额进行复利投资。

我自己就是这样做的。为了准备女儿上大学的资金，我每月以自动转账的方式定额投资股票型基金，如果有多余的钱，再利用追加存入方式投资比平时更多的钱。为了准备养老资金，我投资变额年金保险，同样利用追加存入方式偶尔投资更多的钱。还有，为防备早期死亡，我参加了终身保险，准备等年老后转换成年金领取终身年金。

为其他目的的投资情况如下：

如果以攒钱为目的，那么主要投资 CMA（每月直接转账的方式）和 KOSPI200 指数 ETF。ETF 和追加式基金一样，不可以以自动转账的方式投资，而是要利用证券公司的委托账户像股票一样直接买进。因为无法像零存整取存款或追加式基金那样以自动转账的方式投资，只能每月直接转账或直接买进，自然有很多不方便的地方。不过，由于已经养成习惯，对我来说非常容易操作。

以钱生钱为目的，大钱主要投资相互储蓄银行的1年定期存款（到期支付式，整存整取，确定利息型）和KOSPI200指数ETF。而且，根据定期存款到期日，1年实施1次恢复投资组合平衡，必要时变更投资比率。

我是按下面的标准来设定“定期存款：股票型基金（ETF)”的投资比率。

如果1年定期存款的年收益率不到4%，股票型基金的投资比重保持在40以上。

如果1年定期存款的年收益率达到4%以上，那么保持“60：40”的投资比率。

如果1年定期存款的年收益率达到5%以上，那么保持“70：30”的投资比率。

如果1年定期存款的年收益率是6%以上，股票型基金的投资比重保持在20以下。

这相当于定期存款的收益率每上涨1%，定期存款的投资比重则加大10%。我的这种根据利率变化变更投资比率的投资战略，反映出只想应对股票价格变化的消极意图（并不一定会这样）。可以看出，利率上升股票价格就会下跌，利率下降股票价格就会上涨的趋势。即如果今天新投资的定期存款的收益率比1年前上升，则意味着以后股票价格会下跌；相反，就意味着以后股票价格会上涨。这还意味着在过去1年里，利率一直上升或下降，所以股票价格的下跌或上涨趋势也可能已经在进行当中。因此，如果定期存款的收益率上升，为了防备以后股票价格下跌，就要减少股票投资的比重；如果估计以后股票价格上涨，就加大股票投资的比重。

利率不像股票价格那样，在短期内变动较大，所以，如果不是发生了像外汇危机那样急剧的市场冲击，是很难在某一天突然上涨或下降 1% 的幅度的。因此，不需要经常变更投资比率。

为了准备女儿上大学的资金和我与妻子的养老资金，不管利率怎样变化，我都会长期不间断地每月买进一点股票。

我在定期存款到期日前后进行理财投资的时间最多，有时一整天都在按计算器。这时最重要的是确认一年里总共储蓄了多少，比前一年增加了多少净资产。一年里的储蓄金额和净资产增加率也是我和妻子在过去一年里努力的成绩表。

再次投资之前，我会和妻子商量，今后 1 年内，还有 2~3 年以内是否会需要支出大笔钱。需要再次强调的是，如果短期内有大量用钱的计划，就应该在再次投资之前先抽出必要的资金，还要把投资股票型基金的钱全部或阶段性地转移到 MMF。

TIP 相互储蓄银行的月复利定期存款

定期存款可以利用主要交易银行的商品，但如果考虑收益率，利用相互储蓄银行的定期存款会更有利。相互储蓄银行比一般银行多 1% 左右的利息，不仅如此，一般银行的到期支付式定期存款（即整存整取定期储蓄）大部分都是支付按单利或年复利计算的利息，但相互储蓄银行的到期支付式定期存款的大多数商品，都是支付按月复利计算的利息，所以实际收益率更高。

例如，把6万元按年利率5%投资一般银行的1年定期存款，一年后产生3 000元的税前利息；以相同的利率投资相互储蓄银行的1年定期存款，一年后产生3 066元的税前利息。虽然都是年利率5%，但实际收益率却比相互储蓄银行的定期存款高出0.11%。再考虑到平时比一般银行的利息高1%这一点，假设相互储蓄银行的1年定期存款的利率是6%，1年后产生3 696元的税前利息，年收益率差异变为1.1%以上。

只是，相互储蓄银行比一般银行信用度低，所以最好只在存款人保护金额以内（现行含本息各金融机构30万元/人）投资。如果相互储蓄银行破产，退返投资储蓄或零存整取的钱至少需要几个月或1年以上，而且还有可能无法得到原先约定的利息，因此投资期限最好设定为1年以内。相互储蓄银行的信用度低，意味着其破产的可能性比一般银行高。如果担心这一点，就把钱交给一般银行代管，会更安全一些。

访问理财信息公司MONETA的网站就可以清晰地比较一般银行及相互储蓄银行的存款利率，还可以获得基金和保险等各种金融信息。

种下钱币后，你期望收成多少？

在第2章中，我用下面的公式表示投资者可以期望的投资收益率。

年期望收益率＝1年定期存款的税后收益率＋a收益率

在这个公式中，定期存款的税后收益率既不用承担投资风险也可以得到“无风险收益率”，a 收益率是只有承担投资风险才可以得到的“风险补偿率”。

例如，定期存款的税后年收益率为 4% 时，如果投资者投资股票型基金，期望税后年收益率 10%，这就意味着作为投资者承担投资风险的补偿，年 a 收益率增加 6%。

如果投资者不把钱全部投资到股票型基金，而是为了分散投资风险，按“定期存款：股票型基金 = 50：50”的比率分配投资，而全部投资金额税后年期望收益率为 7%。由于投资风险减少了一半，所以年 a 收益率的期望值也从 6% 降到 3%。这时在所有投资金额中的税后期望收益率称为“投资组合的期望收益率”。

投资的时候，像这样先设定投资组合的期望收益率，再以此决定“定期存款：股票型基金”的投资比率是非常重要的。如果不这样做，投资者可能会为了获得投资组合的期望收益率，而掉进比预想的风险还要大的投资风险里。

例如，对于一个想保持投资组合 4% 的年期望收益率为目标的投资者，如果定期存款的税后收益率为 4%，那么他就没有必要再投资股票型基金，因为股票型基金投资比重的加大就意味着投资风险的增加。

投资收益率是 5% 或者 10% 本身并没有多大的意义，它必须与某一利率相比较，我们常用的就是一年期定期存款利率，只有高于这个利率，这个投资才可能成为你投资的选择。

如果定期存款的税后年收益率下跌到 3%，那么只投资定期存款是无法得到所希望的投资组合的期望收益率，所以要部分投资股票型基金。但也没有必要投入过多金钱，因为如果投资者期望股票型基金的税后年收益率是 10%，股票型基金的投资比重保持在 15% 左右就可以了。因为当股票型基金的投资比重超过10%时，就可能会掉进超过平均水平的投资风险。当然，在这种情况下，投资组合的期望收益率也会提高。但如果这不是投资者自己的意图，实际上是一种加大投资风险的行为。

表 5.2　投资组合的期望收益率

投资组合	投资比率（%）	期望收益率（税后年复利）
定期存款	50	4.0%
股票型基金	50	10.0%
投资组合的期望收益率		7%

* 投资组合的期望收益率 = 50 × 4% ＋ 50 × 10% =7%

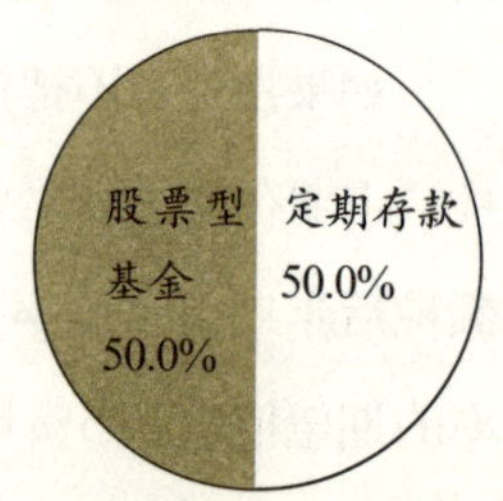

投资组合	投资比率（%）	期望收益率（税后年复利）
定期存款	30	4.0%
股票型基金	70	10.0%
投资组合的期望收益率		8.2%

* 投资组合的期望收益率 = 30 × 4% ＋ 70 × 10% =8.2%

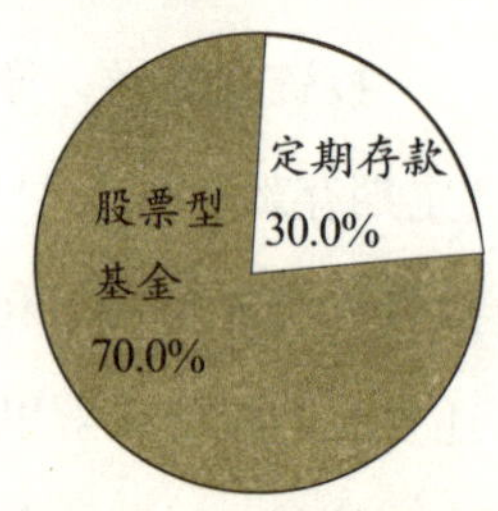

图 5.7　投资比率

我的目标是将投资组合的年均期望收益率保持在7%左右。除去最近10年的年均物价上涨率为3%~4%，还可以获得4%左右的实际年收益率水平。而且，我在长期投资时，期望股票型基金的税后年均收益率保持在8%~12%。在1年定期存款的年收益率不到4%的时候，我的股票型基金的投资比率保持在40%以上，根据定期存款的收益率变化变更投资比率，也正是考虑到我期望的投资组合的收益率后作的决定。

股票型基金的期望收益率

股票型基金的期望收益率很难判断。因为谁都不知道明天的股票价格的变动情况，所以，预测未来的收益率本身就不是一件容易的事。而且根据基金经理的经营能力，投资结果也会有很大的不同，这也是期望收益率很难预测的一个原因。也就是说，确切的收益率只有看到结果后才能知道。为此，我特意分析了 1980~2007 年韩国综合股票价格指数收益率和股票市场环境，在此基础上整理出以下内容，希望能够帮助读者朋友们较为准确地判断股票型基金的期望收益率。

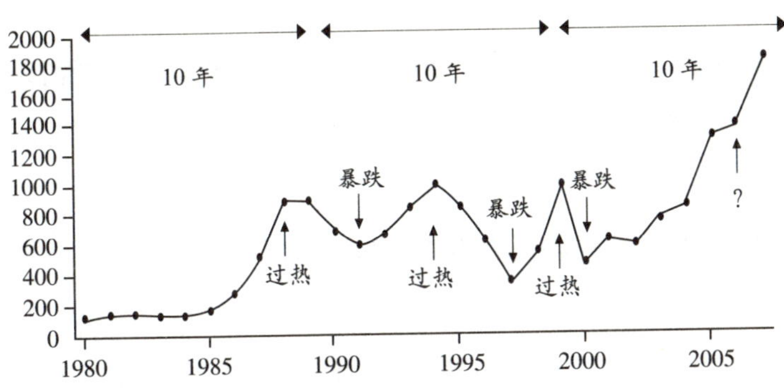

图 5.8　韩国历年综合股票价格指数

上面的图是 1980 年到 2007 年间，韩国历年综合股票价格指数折线统计图。可以看出，20 世纪 80 年代中期呈现出过热的形势，1990 年股票价格暴跌以后到 2000 年间，以完全无法预测的形势反复呈现出过热和暴跌现象。从 2001 年起，到 2007 年间再次大幅上升。我把 1980 年到 2007 年划分成 10 大区间，并分析韩国统计厅和韩国银行的统计资料，比较了各个时期的综合股票价格平均收益率和定期存款平均收益率（税前），同时还计算出了同期平均物价上涨率。

1980年到2007年的28年间，综合股票价格指数年均收益率是11.08%。同时期的定期存款的年均收益率是8.93%，非常高。所以，这时的风险补偿率可以达到2.15%的年a收益率。在此期间进行长期持续复利投资时，即使是1%的差异，结果也是非常大的。这时的风险补偿率虽然不能称为低风险，但也绝不像大多数人所想的那样——股票和定期存款的收益率具有很大差异。图5.8中的定期存款收益率是税前收益率，所以还需要扣税，而且还可以把没有体现在综合股票价格指数中的1%~2%的年红利收益率（所有上市企业每年支付投资者的分红的收益率）加到综合股票价格指数收益率上，这样一来，a收益率就会更高一点。但是投资股票型基金的时候，每年需要支付金融公司全部投资金额的2%~4%的费用。考虑到这一点，红利抵消为费用之后，综合股票价格指数的收益率就会降低到1%~2%。所以，即使定期存款收益率还需要扣税，其结果也不会有太大的变化。

20世纪80年代，综合股票价格指数的年均收益率是24.71%，定期存款的年均收益率是11.03%。因此，这期间的a收益率很高，是13.68%。80年代中期以后，由于被称为“三低（低利率、低油价、低美元）旺季”的经济旺季期和1988年奥运会特殊背景等，80年代后半期的股票价格急剧上升。

到了经历外汇危机的90年代，定期存款的年均收益率很高，是10.03%。相反，综合股票价格指数的年均收益率仅仅是1.23%。因此，这期间的年a收益率是−8.80%，相当于消耗了大部分无风险收益率，这表现在1990年到2000年11年间的综合股票价格指数的年均收益率是−5.22%。也就是说，即使长期投资，如果股票价格无法上升，就会造成较大的损失。而同时期定期存款的年均收益率是9.84%，在这个时期投资股票需要很大的勇气。

表 5.3 按投资期间的综合股票价格指数和定期存款收益

投资期间	综合股票价格指数平均收益率（年复利）	1 年定期存款平均收益率（年复利）	a 收益率	平均物价上升率（年复利）
1980~2007 年	11.08%	8.93%	2.15%	5.75%
1980~1999 年	12.36%	10.53%	1.83%	6.89%
1990~2007 年	4.17%	7.77%	−3.60%	4.48%
1980~1989 年	24.71%	11.03%	13.68%	8.08%
1990~1999 年	1.23%	10.03%	−8.80%	5.71%
1990~2000 年	−5.22%	9.84%	−15.06%	5.39%
2000~2007 年	7.96%	5.02%	2.94%	2.96%
2001~2007 年	20.83%	4.61%	16.22%	3.06%
2002~2007 年	18.26%	4.41%	13.85%	2.89%
2003~2007 年	24.76%	4.31%	20.45%	2.92%

* 综合股票价格指数平均收益率：用投资期间开始时的指数对比投资结束时的指数

* 定期存款平均收益率：到 1995 年的平均储蓄利率，从 1996 年应用加权平均受信利率（1 ~ 2 年到期）

* 平均物价上升率：应用计算期间开始时的指数对比投资结束时的指数（全国消费者物价指数）

* 分析对象的基础数据来自韩国统计厅和韩国银行的统计资料

再看看 20 世纪初的情况。从 2000 年到 2007 年，综合股票价格指数的年均收益率是 7.96%，年 a 收益率是 2.94%。这个时期被称为“股票市场鼎盛时期”，但并没有比平时显现出很大的差异，所以令人感到诧异。这是由于计算期间还包括了象征 IT 泡沫崩溃的 2000 年度的股票暴跌期。2000 年的综合股票价格指数创造了年收益率 −50.92% 的最差纪录。假如 2000 年 1 月 1 日投资了 60 万元，到 2000 年 12 月就变成了 30 万元，如果想恢复本金还需要等待 4 年。

再看 2001 年到 2007 年间的情况，就和以前有很大不同。这期间的综合股票价格指数的年均收益率非常高，是 20.83%。相反，定期存款的年均收益率是 4.61%，低于 2000 年前的一半水平。这时期的年 a 收益率也非常高，是 16.22%。尤其是 2003 年到 2007 年 5 年间的综合股票价格指数的年均收益率是 24.76%，定期存款的年均收益率是 4.31%，年 a 收益率足足有 20.45%。

在这里值得我们注意的是物价上涨率、利率及 a 收益率之间关系。

1980~1999 年(1 期间)的年均物价上涨率 6.89%，是 2000 年～ 2007 年（2 期间）的年均物价上涨率 3.06% 的 2 倍。而且，1 期间的年均利率(定期存款的平均收益率)是 10.53%，也是 2 期间年均利率的 2 倍。相反，1 期间的 a 收益率是 1.83%，低于 2 期间的收益率 2.94%。2001 年～ 2007 年是年利率 4% 左右的低利率持续的时期，如果与此时的 a 收益率 16.22% 比较，其差异就更大了。像这样，物价、利率、股票价格之间的关系大致是“物价上涨→利率上升→股票价格下跌→物价下跌→利率下跌→股票价格上升→物价上涨”的循环结构。其核心在于利率，除了停滞性通货膨胀（经济状况停滞的同时物价上涨的现象）或恶性通货膨胀（短期内物价急剧上涨的现象）等经济环境极端不正常的情况外，利率变动是一个可以用来衡量未来股票价格收益率的非常重要的标准。

最近，在投资股票型基金的时候，很多人觉得年收益率 10% 太少。那是因为 2003 年～ 2007 年的股票市场是旺季，综合股票价格指数从来不会是负数。这期间只要投资股票型基金的人，无论是谁、在什么时候、以何种方式投资，只要出入过股票市场的人，大部分都获得了很高的收益。人们对股票型基金收益率的期望值，从下面的调查结果很容易猜测到。

据韩国代表性基金评估公司 Fund doctor（*Zero in*）发表的“2007

年基金投资者偏爱度问卷调查”结果显示，假设投资10年股票型基金，35%的投资者回答期望年均收益15%～20%，超过25%的投资者回答期望年均收益20%～30%，甚至有21%的投资者期望年均收益30%以上（出自：*Zero in*“基金投资者偏爱度问卷调查”，2008年2月13日，基金分析师金惠淑）。如果用“72定律”简单地计算，就可以知道年收益率30%，换句话说每2.4年就能够把投资金额翻2倍。正因为这样，最近很多人都把股票型基金想象成“会下金蛋的鹅”。还有一些投资者投资基金获得了高收益，于是自认为很有投资才能，我就曾见过把自己当成投资基金奇才的人。但是，好像很少有人注意这样的事实：综合股票价格指数从1980年时的100到1 000用了25年，从1 000到1 500用了不到2年，从1 500再次超过2 000只用了6个月。现在，让我们好好考查一下短期内股票价格大幅度上升的背景。

什么人适合投资证券投资基金？把证券投资作为副业，又没有时间照顾的投资者；有意进行证券投资，但缺乏证券知识的投资者；风险承受能力较低的证券投资者；期望获得长期稳定收益，不追求暴富的投资者。

股票价格是由卖股票的人和买股票的人之间的交易形成的，是由供求关系决定的。当买家比卖家多时，股票价格就会上涨；当卖家比买家多时，股票价格就会下跌；如果买家和卖家的数量差不多，股票价格就会呈现平行状态。供求关系的变化不仅受投资者的心理影响，还受利率、物价、经济状况前景、政治争议等各种变数的影响。

买股票的时候需要钱，所以如果买股票的人很多，就意味着很多钱流向股票市场。这种现象常被称为“股票市场流动性强”。2002年以后，形成股票市场旺季的最大的原因也是流动性强，即由于持续买进加大了对股票的需求。

对于这种情况，专家们有两种看法：一种是以前对韩国经济和企业价值的评价一直很低，现在才开始获得合理的评价。另外则认为，韩国经济的基础并没有变化，而是由于银行存款利率低和政府对房地产市场强大的抑制政策等，使没有找到合适投资方向的投资资金流向股票市场。

无论哪种看法正确，一个非常清楚的事实就是：最近 5 年流向股票市场的钱比任何时候都多，股票价格大幅度上升。2002~2007 年间，上市股票市价总额由 1 554 亿元增长为 5 712 亿元。如果说，2000 年以前是短期行情利差投机需求的增加导致了股票价格的上涨，2002 年以后则是投资累加式基金和变额保险等个人投资者的长期投资需求的增加推动了股票价格上涨。不仅如此，他们中大多数人无论股票价格怎样变动，每月坚持按定额缴纳方式投资，为股票市场的持续流动性提供了强大的供给源。从 2007 年末到现在，社会保险已达到 1 320 亿元，其股票投资比重也一直扩大，已有超过 15% 流向了股票市场。

表 5.4　股票型基金的变化

（单位：元）

时间	2001 年	2002 年	2003 年	2004 年	2005 年	2006 年	2007 年
股票型基金	420 亿	540 亿	600 亿	540 亿	2220 亿	3000 亿	8220 亿

表 5.5　市价总额中股票型基金的投资比重

时间	2001 年	2002 年	2003 年	2004 年	2005 年	2006 年	2007 年
股票比重	4.9%	4.7%	5.8%	4.4%	3.1%	5.6%	7.3%

* 股票比重是在股票市场（交易所 +KOSDAQ 市价总额）中投信编入股票所占的比重
（出处：资产经营协会）

最近 5 年间，股票价格持续上升的一个最大的原因是股票市场的流动性大大增加，增加的流动性资金长期停留以及追加的流动性供给持续的缘故。这就好比向着火的房子倒了一桶油以后，继续用管子洒油。问题是股票价格是否会继续上涨呢？

有些人对此持肯定意见。2007 年 10 月综合股票价格指数刚超过 2 000，3 个月之内就下跌了 20%，落到 1 600。很多舆论呼吁基金挤兑（由于股票价格下跌导致恐慌的投资者争先恐后地从基金中抽回现金）的可能性。但是并没有出现资金脱离现象。这表示想长期投资以增值资产的投资者，比根据短期股票价格变动而行动的人更多。长期投资者稳定的流动性资金供给是支撑股票价格的稳固基础。而每年增加 1 800 亿元经营资产的社会保险会继续加大股票的投资比重，到 2012 年会超过 20%。不仅如此，据 KDI（韩国开发研究院）的研究资料，最近才开始引进退休年金制度的企业数量虽然还微不足道，但预测 2010 年退休年金市场的规模会超过 3 000 亿元。由此可见，正是由于社会保险或退休年金这样的大规模基金投入股票市场，导致了股票价格的长期上涨。

在进行投资选择与资产配置的，必须充分考虑当前经济所处的阶段。经济周期有四个阶段：衰退期、萧条期、复苏期和繁荣期，不同阶段我们所选择的理财产品应该有不同的策略。

另外，按投资主体整编股票持有比重也是其中一个原因。据证券期货交易所的资料，2004 年外国人持有的韩国股票比重是市价总额的 40%，到 2007 年末降到 30%；国内组织机构投资者和个人投资者的股票比重各增加了 3% 和 4.5%。以前韩国股票市场被称为“外国人的赌场”，受到外国投资者很大的影响。所以，当外国人卖出，股票价格就下跌；当外国人买进，股票价格就会上涨。不过，外国人对韩国股票市场的影响正逐渐减少。2005年后，即使外国人继续卖出股票，综合股票价格指数依然可以达到2 000。比起短期进出股票市场的钱，持续流入并长期停留股票市场的钱正在增加，因此，股票市场在短期内依然会有很大变动，但长期来说，一直上涨的可能性很大。

很多金融公司拿出这些积极的因素来营销股票型基金或变额保险。金融公司的理由是，最近韩国股票市场的投资环境，类似于美国80年代初期的大势上涨时期的环境。

美国的道琼斯指数在1982年突破了1 000，17年后的1999年超过了10 000。道琼斯指数进入大势上涨时期，美国突然进入到低利率时代。因此，美国通过称为"401K"的退休年金，增加个人向股票的间接投资，而且还扩大了各种年金的股票投资比重。这种变化成为美国股票价格长期上涨的基础。这一点和韩国在2000~2007年发生的情况是大致相同的。

也有对股票价格上涨大势论持否定意见的人。据2008年2月26日《韩国先驱经济报》报道，现在韩国所有收益证券账户数2 353万个，相当于每户1.5个。这意味着有能力投资基金的人已全部在投资。即个人投资者的持续股票型基金投资供给还有一定的可能性，但新账户的增加带来的追加性流动资金供给的可能性不大。

很多人反对扩大社会保险的股票投资比重，像过去那样批评政府为了扶持证券市场而干预市场的人也很多。因此，当对股票投资的评价很低时，从政府的立场来看，会有很大的负担。这表示政府不可能按计划继续增加社会保险的股票投资比重。

即使增加了实施退休年金制度的企业，是否会有大量金钱按比例流入股票市场也是一个未知数。引进确定给付型制度的企业要对以后的退休金财源及经营负责任，所以也可能对股票投资采取消极的态度。

如果是引进确定给付型制度的企业，可以根据员工本人的情况决定投资对象。到目前为止，韩国的很多人在投资时还是具有保本的倾向，如果投资失败，有可能失掉退休金，通常对投资股票采取消极态度。因此，即使引进退休年金制度的企业有所增加，但要想通过这个因素带来足以影响股票市场的资金，需要的时间将比想象的更长。

其实，从另外一个角度来看，外国人持有的韩国股票比重减少，也是一个消极的因素。外国人股票比重减少，意味着他们把股票转给了韩国组织机构或个人投资者。最近几年，外国人在不断卖出股票，而国内组织机构和个人一直在买进。这种状况好比外国人正在投掷即将爆炸的炮弹，韩国人在不停地接收。如果再这样下去，终有一天，由于人手不够炮弹落到地上，将会不可避免地发生连锁爆炸。

我们再分析一下韩国的综合股票价格指数。有人提出猜想，认为它也会像美国的道琼斯指数那样，在今后的10年会超过10 000。其实，这两种指数的计算方法不同，并不能用相同的标准比较。在继续保持2003~2007年的股票价格上升趋势的前提下，要使综合股票价格指数在今后10年内上涨到10 000，如果不向股票市场追加供给庞大的资金是很难做到的。举例来说，买1个苹果需要6元，买10个需要60元。过去28年好不容易买了1个苹果，但要想在今后10年里再买9个苹果不见得很容易。股票市场与此类似。而且，如果想让股票价格长期上升，就要保持经济稳定发展，让企业在获利的同时一直成长。如果没有企业的成长，只靠增加流动性资金是很难让股票价格长期上升的。即只有保持稳定的环境，韩国的经济才能持续成长。

财富管理是为了拥有幸福的生活。幸代表土地和钱，福代表有衣有田有吃。幸福就是一家人在一起，有一个温馨和睦的家。

在今后10年里，如果投资股票型基金期望年收益20%以上，就要了解最近韩国股票市场中发生的事情，也要确定这种趋势以后还会继续。但是，确定未来的股票价格，本身就是不可能的事情。所以，对于那些认为股市高收益率会持续10年的人来说，与其说他们是在估算股市的“期望”收益率，不如说他们是在向上帝祈祷后才可能得到“祈祷”收益率。

> 年轻的时候正好是财富生命周期中创造财富的阶段。创造财富需要冒险，所以，如果年轻的单身者有结余，那么选择投资股票基金比选择投资保险要正确。

1988年奥运会的前3年，综合股票价格指数上涨3倍以上，很多人非常兴奋，欢呼“奥运会结束之后，韩国经济也可以和先进国平起平坐了”。1998年外汇危机之后的2年内，综合股票价格指数上涨近3倍的时候，也有很多人感到兴奋，认为这次和以前不一样，欢呼“已经到了综合股票价格指数开启1 000的时代”。但最终，他们都掉到了“陡峭的悬崖下”。每当这时，损失最大的人，往往是被股市前景大好的表象拉入股票市场的人。

最近5年，综合股票价格指数上升了3倍以上，很多人又欢呼说“到了综合股票价格指数2 000时代、3 000时代”。但是，从2008年下半年开始，股市呈现出急剧的变化，终于和全世界的股票市场一起“患上了重病”。如果这种情况无法早日得到改善，那么，这次股票市场震荡所造成的损失仍然是由投资者承担。

像这样，股票价格在直冲上天的瞬间像折翼的鸟一样坠落，然后又像从未发生过什么事似的再次飞冲上天。所以我认为，投资股票或基金，在一年中很难保持一定的收益率。即使获得了高收益，股票下跌时如果不能减少损失幅度，也会在原地踏步或退步。对于大多数非专业投资者来说，是很难做到一边预测未来变化一边投资的。所以，相比较根据市场和收益率前景来决定投资的做法，更重要的是建立自己可以长期保持的投资组合。换句话说，要知道自己能够接受的投资风险，并以适当的比率分散投资在储蓄、债券、股票上。总之，**为保持所有资产的投资收益率高于物价上涨率而努力，就可以减少投资失败的可能性，增加资产。**

投资季节在循环

俗话说：冬天来了，春天还会远吗？不喜欢冬天而等待春天到来的人，正因为知道春天一定会来，所以在冬天里不会觉得特别绝望；喜欢冬天的人，也正因为知道再过1年后冬天还会来临，所以暂时和冬天告别。如此，季节在循环，没有永远的春天，也没有永远的冬天。

投资的季节也一样。只要股票市场的暖春（上升期）来临，总有一天会成为盛夏（过热期）；刚觉得是秋天（下降期），马上就到了寒风凛冽的冬天（冷却期）。与季节的循环不同的是，股票市场的“换季”是没有规律的。

放眼股票市场，那些在“寒冬”时开始投资，到“盛夏”结束的投资者可以获得最大的收益率，但这样的人极其稀少；那些在“春天”开始投资，在“秋天”来临之前结束投资的人也能获得较多收益，不过这样的人也不太多。与此不同，那些在“夏天”开始投资，到“秋天”结束投资的人会亏损；那些“在秋天”也没结束投资，到了“冬天”才结束投资的人，亏损得更多。

大部分的人在火热的“夏天”开始投资，到“秋天”或“冬天”结束投资，所以总是在亏损，而他们失去的钱也会落到其他某个人的账户上。这种状况在不断循环。

根据自己制订的投资原则和战略及计划长期投资的人，即使不能得到最高的收益率，也不会犯“夏天”开始投资，“秋天”或“冬天”结束投资的错误。

人们总是认真倾听专家们分析股票市场的前景，但却没注意到，这些专家们大多数并不是从自己所讲的股市前景中获得较高的投资收益，而是通过分析股市前景的行为本身赚钱。而且他们会随时改变自己的说法，让自己的逻辑符合实际情况。

很久以前，我看过一个节目，某经济频道邀请一位专家分析股票价格及市场前景后，有个投资者打电话咨询。打电话的人说自己正持有某种股票，问专家现在是卖呢还是继续持有。节目一结束，电视上随即播出为投资股票者迅速办理贷款的广告，前后一联系，我感觉就像看喜剧一样。

现在股票市场如冬天来临，至于是初冬还是寒冬我也并不清楚，只是感觉秋天很短而已。

我在过去的2007年10月综合股票价格指数冲上最高点后开始下降之前，把投资股票型基金的大部分钱转移到了定期存款。是我事先知道了股票市场的夏天结束了吗？绝对不是。如果早知道，我就会撤出所有投资股票型基金的钱。这仅仅是因为定期存款到期日是10月，而且根据我自己的规律，变更了投资比率而已。从那以后一直到现在，股票价格大幅度下跌，所以，我的股票型基金中剩余的钱和每月追加投资的钱的收益率现在仍然是负数。但是，这不过是多年获得的收益减少了一点而已。在之后的几年里，我也没有动用已投资资金的计划，只是静静地等待冬天快点过去，同时继续买进一点价格下跌的股票。

世上没有事先知道股票价格的方法，也不会由于你非常努力，股票价格就会上涨。因此，我在期望股票价格上涨的同时，一贯实行我自己制订的投资原则和战略。只是由于我缺乏甄别、经营股票的知识和经验，于是就把这件事交给以此为业的基金经理代管。但是不知道从何时开始，我开始讨厌基金经理不顾我本人的意志，随意选择、买卖我的股票。所以，为了减少这种烦恼，在最近2年内我把投资的股票型基金全部换成了Index基金。经营Index基金的基金经理除了Index的股票以外，不能随意选择其他股票，也不能积极地买进、卖出。因为他的首要任务是得到和该Index基金的收益率相同的收益率。

“Look at what you have not what you had.”通往富裕的道路不是以你曾经拥有的一切铺成的，而你目前切实拥有的。因为只有知道现在在哪里，才能知道如何去到你所欲望之处。

如果现在的股票市场是冬天，利率市场就像是夏天。富翁们四处奔走各家金融公司，正享受着利率带来的快乐。与此相反，债务累累的人却由于利息负担更加辛苦。

我打算在最近这次定期存款到期日，拿出一部分资金，投资年限为3年以上的确定利率债券。前段时期，一直都没有正眼瞧一眼的债券利率上升了很多，现在我觉得它非常具有魅力。

以后利率市场再次面临“冬天”的时候，“夏天”买的债券不仅可以给我带来确定的收益，同时还会返给我价格上升带来的买卖差价（债券买进后，如果利率下跌，债券价格就会上升）。虽然投资债券后，如果利率继续上涨可能会损失本金，但只要手里一直握着债券直到到期日，就可以从发行机关回收所有的投资本金和确定收益。因此，只要买进国债或信用度高的企业发行的债券，持有到到期日，就可以决定要投资多少。

看上去似乎会永远是夏天的股票市场，现在开始刮起凉风；看上去似乎会永远冷清的利率市场，现在再次火热起来。总有一天会再次换季，但换季的转换点，对于包括我在内的大多数人来说，却无法预知，就算是经济学博士或特定领域的专家也不例外。知道得多并不等于能够预测未来，这是完全不同的两回事。因此，只要一想到世上还有知道得比我少的人和知道得比我多的人，我的内心就会非常平静。如果有这样的心态，就可以不用咨询别人，而根据自己的判断投资。如果完全不知道该怎么做，那认真储蓄也是一个不错的选择。

我们手里的每一分钱，都是每天流着汗水，工作 8 小时赚来的。那么，投资这来之不易的钱，其决定权是该交给别人，还是该交给自己呢？我认为应该自己决定。

延伸阅读

2008 年金融投资市场的诡异变化，终于可以让大多数人明白如下道理。

如果投资理财是一座殿堂，通往殿堂的每一道门是一个投资工具，这些门从低到高，依次显示了过去一年的业绩，而最高点霓虹灯闪亮之处，乃过往收益率最高之处，那么人们的投资理财，并不是选择收益最高之门，因为它也许是踏进去后跌得最深之门。人们要做的是，通过了解自己的短期目标和中长期目标，建立起一个最佳的投资组合，以便在此涨彼跌之时，依然能够规避风险，获得收益。

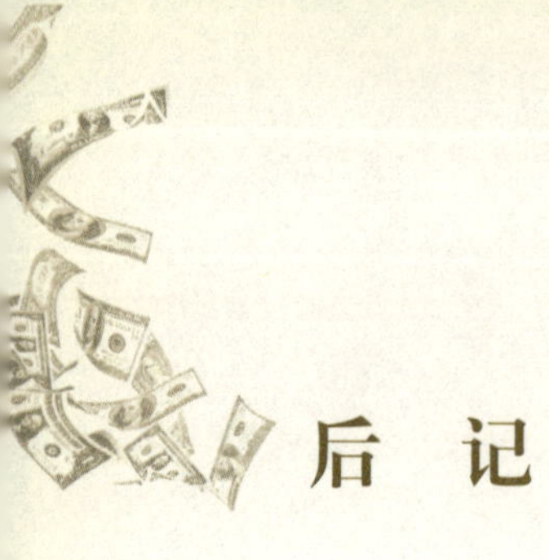

后　记

用心理财者，财更青睐他

2008年初，在我撰写文稿期间，油价超过了100美元，原材料价格暴涨。韩元与美元的汇率也上涨了很多。夏天，我将文稿交给出版社以后，犹如一场核爆炸一般，美国金融危机波及韩国境内。股票价格指数再次变成3位数，韩元与美元之间的汇率逼近1 500 ：1。

回想起经济一直景气的2007年，我觉得这一切都来得太突然了。但转念又想起一位医生曾经说过的话："中风不是某一天突然降临的病症，而是潜在很久的病情突然爆发。"

最近由于物价上涨、贷款利率上升以及股票价格暴跌，很多人都陷入了经济困境。尤其是在综合股票价格指数连日突破新低点的2007年下半年，很多第一次投资股票型基金或ELS的人，都想着至少要捞回本金，正翘首企盼股票价格再次上升。投资海外基金的人也一样。

不仅如此，还有很多投资者坐在金融公司的营业点，喊着"还我钱来"。这些投资者认为，金融公司只劝人投资却没有向他们做详细的解释，才会导致今天的结果。

上述这类情景，以前只在证券公司才能看到，但现在银行和保险公司也能看到同样的情景。不仅是投资者，连金融公司的职员也心急如焚。这难道不是“投资时代”带来的副作用吗？

不知从何时开始，我们周围就流行“从储蓄时代到投资时代”的口号。从某种角度来看，这可能是为了造就资本市场，政府和金融公司一起造出来的新语言。不仅如此，还给韩国带来了金融公司和个人资产结构的变化。其结果就是没有投资基金或变额保险的人，被认为是落后于时代的人。

我以肯定的心态接受这种变化。如果个人和组织机构的钱只集中在房地产、债券、储蓄等，对个人，对国家经济都没有太多的益处。但是很多人不太相信自己的判断，更喜欢听从金融公司的建议或别人的话作投资决定，我并不赞同这样做。金融公司之间的竞争非常激烈，在某种意义上，他们会鼓动个人进行“别过问”式投资。

然而，劝别人投资的人也好，要投资的人也好，看起来不像是为了更好地生活而投资，而更像正在参与一场互相抢夺收益率的游戏。

我相信大部分只追逐高收益的人无法与持续储蓄的人匹敌。而且，一个普通人为了成为富翁，最正确的方法应该是，在保持良好的储蓄习惯的同时，提高自身的价值以增加收入，或通过自我提升以创造出追加性收入。因此，在投资股票或基金之前，要把更多的时间和金钱用来投资自己。这样积累下来的知识和技术才会成为巨大的财富。

我不是富翁，也不是成功人士，但是有一件事情却令我非常自豪，那就是我和妻子从来不会节省买书或读书所需要的钱。无论怎么忙，我们也会挤出时间读书或学习。因而，我不仅在自己的工作领域取得了专业性认可，而且还能把多年的理财经验整理出来出版此书。这本书不仅可以给我带来追加性的收入，也可以让“高敬镐”三个字展现在世人的面前。我相信，这些努力最终会成为无形的利益，返回到我身上。

我妻子是中学保健教师，她也在相关领域获得了专业性认可，前不久还和著名大学教授们一起参与了有关学校保健的研究项目，并且和专家们一样，在研究论文上署上了自己的名字。

像这样，对自己投资不仅是世上最开心的事情，还可以以增加收入或自我满足感等形式保障收益。这类的收益无法通过投资股票或基金获得。投资股票或基金获得的收益有再失去的风险，但投资自己所获得的收益却不会失去。

因此，我想在这本书中一直在讲的“想成为富翁，就要充分储蓄并不断地复利投资”这句话前面，再加上一句“对自己也要充分、不断地投资”。

最后，我想感谢撰写本书过程中给予我很多帮助的人。

我非常感谢认真读完文稿后决定给予出版的茶山书屋金善植社长和有关人员。

真心感谢包容文稿的很多不足之处、认真阅读并给予很多鼓励的申贞淑老师、李香淑、金相镇研究员、孙贞淑、李京熙、赵元德药剂师、朴宗焕分店店长、金泰宪金融理财师。

感谢给予我严厉批评和温和建议的黎虎龙和朴哲真金融理财师。

我还要向在撰写本书期间，一个人和孩子度过所有周末和休息日的妻子朴京敏传达我最深刻的爱，向每天给我们家庭送上“一粒幸福的金蛋”的可爱的女儿，传达我对她的爱。

高敬镐

译后记

学习理财，实现富翁梦

理财这个词对我来说，一直都很陌生。我不知道理财是什么，也不知道怎么理财。在我的概念里，理财是专业人员使用的词，是专业人员才玩的“游戏”。

接到这本书的翻译工作后，我先认真地读了一遍，发现原来理财并不像我所想的那样专业，我在生活中其实时时刻刻都在理财，只是自己没有发觉而已。我惊讶地发现，我平时的理财方法和书中所讲的理财方法有很多相似之处，只是我的理财方法没有它所讲的那么系统、完整。用这本书里的话来说，“我的理财方法需要重组”。

这本书中一直强调的是“充分储蓄、预留备用资金、长期复利投资”。“充分储蓄”并不是“能省就省”，而是“该省的要省，该花的要花”；“充分储蓄”并不是“节衣缩食”，而是要“为美好生活作准备”，可以理解为“精打细算，不要浪费”。“预留备用资金”是为了“预防不测”，也是为了减少“投资损失”。“长期复利投资”需要人们耐心地等待投资结果产生复利。

俗话说“心急吃不了热豆腐”，投资最忌“急切”。

第3章“理财系统”是我最喜欢的一章。这一章详细介绍了用工资存折、消费存折、备用存折、投资存折这四本存折组成的自动化理财系统及应用方法。我曾经也有记账的习惯，只有因为意志薄弱，而且需要花去太多的时间，所以没能坚持下来。但我仔细研读用四本存折组成的理财系统后，发现这真的是一种非常实用的方法，既省时间，也不用花太多精力。只要有四本存折，并按书中所讲的方法设置，就可以建立一个自动化的理财系统，不用记账也可以非常清楚地掌握自己的支出情况。

“人们之所以不能充分储蓄，是因为不清楚支出了多少，剩下多少”，我认为这句话很有道理。俗话说“你不理财，财不理你”，如果钱的主人对钱都不上心，财富怎么可能会增多呢？常常听人说“钱生钱，富人生富人”，对于这句话，我从来没有怀疑过。没有本钱，怎么可能快速成为富翁呢？这本书虽然不能让普通人立刻成为富翁，却指出了一条让普通人成为富翁的道路。如果按照本书中所讲的方法坚持下去，在不久的将来，你肯定也能成为富翁。因为这本书用数据与实例说明了一个普通人成为富翁的可能性。

在我们的生活中，富人是少数，多数人都是平凡的上班族。但他们都梦想通过自己的努力成为富翁。如果你也是其中的一位，就有必要仔细研读这本书。

崔英梅

中资海派策划

为精英阅读而努力

〔美〕劳拉·希伦布兰德　著
王祖宁　译
徐　进　审校

ISBN：978-7-229-04358-2
定　价：38.00 元

一个关于生存、抗争和救赎的二战故事

一段有史以来最令人称奇的生存纪实
一幅用意志和希望描绘而成的生命画卷

★ 历时 7 年，作者对主人公路易·赞贝里尼进行了 75 次采访，翻阅大量资料，还原了一段尘封 85 年之久的记忆。

★ 二战中，赞贝里尼海上坠机，面对烈日、暴雨、干渴、饥饿等恶劣情况，漂浮了整整 47 天，漂流了漫漫 2 000 英里。

★ 被俘后，赞贝里尼先后被辗转关押在 4 座日军战俘营里，熬过了身心备受折磨的 700 多个日日夜夜。

★ 二战后赞贝里尼深受战争阴影纠缠，生活险些被怨恨摧毁。凭着坚韧意志，他走过了 1 800 多天的救赎之路，才渐渐摆脱战争的阴影。

★ 今天，赞贝里尼仍然健在，94 岁。

1943 年 5 月的一个下午，一架美军轰炸机坠入太平洋，消失在茫茫的大海之中，从此失去踪迹。海面上只留下了一堆飞机残骸、油料和血迹。不一会儿，海面上浮现出一张年轻的面孔。他就是这架飞机的投弹手，一名中尉，他拼命地抓住救生筏，奋力地爬了上去。就此，第二次世界大战中最令人恐怖的一场噩梦拉开了序幕。

这名中尉名叫路易·赞贝里尼。童年时期，他曾是一个不可救药、无恶不作的小魔头。青少年时期，赞贝里尼把这些叛逆精神融入到跑步中，并展现出自己在运动方面的惊人天赋且取得了傲人的战绩，1936 年，他甚至代表美国参加了柏林奥运会。二战爆发后，这位奥运会选手成为了一名美军士兵，一次平常的飞行把他带上了宿命的航程，一个小小的救生筏把他引向了未知的深渊……

历时七年完成的呕心力作　两首永不屈服的生命赞歌

中资海派策划

为精英阅读而努力

10 秒突破沟通瓶颈，瞬间变身社交高手

92 个锦囊妙计为你打开成功之门
教你如何在生活、爱情和事业中成为沟通大师

你曾羡慕过那些似乎拥有一切的成功人士吗？
他们看起来八面玲珑、游刃有余；
他们在各类聚会上侃侃而谈；
他们是会议上众人聆听的对象；
他们是天之骄子，拥有理想的工作；
他们嫁娶令人称羡的配偶，
身边还簇拥着最有权势的朋友；
他们银行账户里的数字大得吓人；
他们住着别墅，开着名车。

但是，且慢。他们中许多人并不一定比你聪明，也未必比你俊俏。归根结底，他们的成功源于与人打交道的能力。现在，《磁场》揭示了成功沟通的秘密。莉儿·朗帝简单、有效的 92 个窍门会为你打开成功之门，教你如何在生活、爱情和事业中成为大赢家。

〔美〕莉儿·朗帝 著
曾 琳 译

ISBN：978-7-229-04011-6
定 价：28.00 元

莉儿教你如何真诚地与人交谈，这种沟通方式将帮助你瞬间打动人心。

马克·汉森
国际畅销书《心灵鸡汤》作者之一

有效而富有影响力的沟通本领可以改变你的一生，莉儿教给你如何掌握这种能力。不可思议的技巧！

博恩·崔西
国际畅销书《销售中的心理学》作者

中资海派策划

为精英阅读而努力

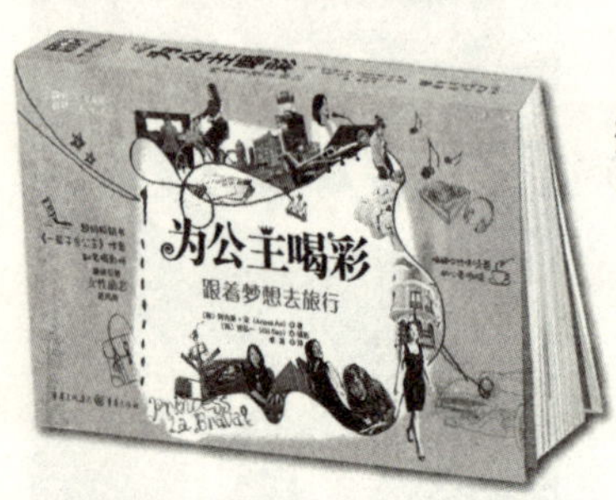

〔韩〕阿内斯·安 著
李 菡 译

ISBN：978-7-229-03943-1
定 价：32.00 元

跟着梦想去旅行

想成为高贵公主的女人们，搭上梦想航班，起飞吧！

连乐谱都弹不准的“怪女孩”，变身百老汇音乐剧作曲家；

曾经成绩一塌糊涂的差等生，如今成为世界知名的酒会筹划师；

没有归宿感的“外来妹”，一步步成长为联合国正式职员；

没工作没前途的“绝望主妇”，成功转型为拉斯韦加斯酒店 VIP 客服总管。

我想，成功总是从梦想开始的。有人只有梦想，有人却能够把梦想变成现实。《为公主喝彩》里介绍的几位女孩子，属于后者。这个时代，属于敢想敢做的人。

易 虹

《淑媛》杂志出版人兼主编

《为公主喝彩》，一本能够给女人带来力量的书，值得一读！

王秀华

《女友》（校园版）主编

女孩天生爱浪漫，所以每个女孩都有一个公主梦。这本《为公主喝彩》告诉女孩子们：要过上公主般的高品质生活，不是坐等王子的降临，而是依靠自己的力量去创造。

陈保才

专栏作家、情感畅销书《细节给力 爱情得意》作者

当你实现了梦想，你就成了别人的梦想。即使稍晚一步，人生同样精彩。

21 天练就完美沟通力

最实用的识人攻略，让你看人看到骨子里；
最有效的攻心战术，让你的沟通恰到好处。

高效的沟通，包括口头语言和身体语言是实现目标的核心。托尼娅·瑞曼通过一步步指导，帮助你推销自己，破译别人只言片语中潜藏的动机。她用简单而行之有效的策略帮助你打造属于自己的交流技巧，有了这些“绝技”傍身，不管你的交谈对象是谁，你都能掌控局面，散发自信和权威感，赢得别人的信任，给人留下长久的良好印象。

〔美〕托尼娅·瑞曼 著
韩 冰 译

ISBN：978-7-229-04010-9
定 价：29.80 元

FBI 前特工、《FBI 教你破解身体语言》作者乔·纳瓦罗倾情推荐
世界顶尖肢体语言专家，《纽约时报》《华尔街日报》《时代》专栏作家
美国联邦警官学院客座讲师 教你其他沟通专家从未教过你的技巧

光会读心还不够，
会攻心才是顶尖的沟通高手！

中资海派策划

为精英阅读而努力

〔美〕马克·郭士顿　著
苏　西　译

ISBN：978-7-229-02971-5
定　价：32.00 元

完美沟通从倾听开始

倾听全美年度最优秀商业教练的沟通秘诀

掌握良好的倾听能力并不难。作为一位“跨界”沟通专家，郭士顿博士把他30余年的临床经验与商界及生活中的沟通问题结合起来，用简单易懂的语言和大量真实的案例为我们透彻地分析倾听的奥秘。他将这些道理总结成9条核心法则、12个简易沟通秘诀，并教我们如何快速处理7种常见棘手问题。

读完本书，你会发现，当你面对不可理喻的人时，不再一筹莫展，说服对方变得很容易。更有价值的是，你会赢得他们宝贵的信任。除此之外，你还将学会和自己对话，控制自己的情绪，宽容地接纳自己，以更加健康的心态面对工作和生活——这正是一切成功的起点。

《只需倾听》是一部里程碑式的著作，每一个当下或未来的领导者都应该读，更重要的是，要好好运用它。

沃伦·本尼斯

当代领导力大师、四任美国总统顾问团成员

沟通不仅仅是把话说出来而已，而是要让对方听进去。郭士顿为沟通赋予了全新的意义。在通过更优质的倾听、关爱、指导和成就感的路途中，《只需倾听》是不可或缺的指导手册。我们感谢你，马克。

弗朗西斯·赫塞尔本

德鲁克基金会 CEO、《同心圆领导力》作者